Wangari Maathai

Die Wunden der Schöpfung heilen

Wangari Maathai

Die Wunden der Schöpfung heilen

Wie wir zu uns selbst finden,
wenn wir unsere Erde erneuern

Aus dem Englischen von Gerlinde Baumann

HERDER

FREIBURG · BASEL · WIEN

Für meine Enkelin, Ruth Wangari

MIX
Papier aus verantwortungsvollen Quellen
FSC® C106847
www.fsc.org

Deutsche Erstausgabe mit freundlicher Genehmigung von Doubleday Religion, an Imprint of the Crown Publishing Group, a division of Random House, Inc.

Titel der Originalausgabe:
Replenishing the Earth.
Spiritual Values for Healing Ourselves and the World.
ISBN 978-0-307-59114-2

www.herder.de

Umschlaggestaltung: P.S. Petry und Schwamb, Freiburg
Umschlagmotiv: © WendlandCarolyn / istockphoto.com
Foto der Autorin: © dpa Picture – Alliance / Stephen Morrison

Satz: Barbara Herrmann, Freiburg
Herstellung: fgb · freiburger graphische betriebe
www.fgb.de

Printed in Germany

ISBN 978-3-451-33254-8

Inhalt

Einleitung ... 7
1. Anfänge ... 23
2. Die Wunden ... 35
3. Perspektivwechsel ... 59
4. Die Macht der Bäume ... 85
5. Die verlorenen heiligen Haine ... 105
6. Dankbarkeit und Achtung ... 119
7. Selbstermächtigung ... 151
8. Selbsterkenntnis ... 165
9. Die Bereitschaft zu dienen ... 181
10. Spiritualität trifft Aktivismus ... 199
11. Dem Aufruf zum Dienen folgen ... 213

Danksagungen ... 231
Über Wangari Maathai ... 235
Anmerkungen ... 237

Einleitung

IN MEHR ALS drei Jahrzehnten als Umweltschützerin und Aktivistin für Demokratie bin ich oft gefragt worden, ob mich Spiritualität, religiöse Traditionen oder insbesondere auch die Bibel inspiriert und einen Einfluss auf mein Engagement und die Arbeit des Green Belt Movement (GBM) gehabt hätten. Habe ich die Bewahrung der Umwelt und die Ermächtigung der kleinen Leute als eine Art religiöse Erfahrung oder Berufung empfunden? Ich wurde auch gefragt, ob es spirituelle Übungen gäbe, die man lernen und beim Einsatz für die Umwelt oder generell im Leben anwenden könne.

Als ich über diese Fragen nachgedacht habe, ist mir deutlich geworden, dass ich zu Beginn meiner Arbeit im Jahr 1977 nicht durch meinen persönlichen Glauben oder Religion im Allgemeinen bewegt worden bin. Stattdessen zog ich meine Motivation aus dem Nachdenken darüber, wie bestehende Probleme sowohl im übertragenen Sinn als auch ganz praktisch von Grund auf zu lösen wären. Es war der Wunsch, der Landbevölkerung und vor allem den Frauen zu helfen, die mir bei Seminaren und Workshops von ihren Grundbedürfnissen erzählten. Sie berichteten davon, dass es ihnen an sauberem Trinkwasser mangelte, an genügend und nahrhaften Lebensmitteln, an Einkünften sowie an ausreichend Energie zum Kochen und Heizen.

Wenn die Leute also in den Anfangsjahren meiner Arbeit die oben genannten Fragen stellten, antwortete ich, dass ich nicht der Ansicht sei, dass das Ausheben von Pflanzlöchern und das Mobilisieren von Gemeinschaften zum Schutz oder der Regeneration von Bäumen, Wäldern, Wasserscheiden, dem Boden oder dem Lebensraum der um sie herum lebenden Wildtiere eine spirituelle Aufgabe sei oder eine Angelegenheit, die nur für religiöse Menschen bedeutsam sei.

Für mich selbst hat es allerdings nie einen Unterschied gegeben zwischen einem Engagement, das man „spirituell" nennen könnte, und einem, das vielleicht als „säkular" zu bezeichnen wäre. Nach einigen Jahren wurde mir klar, dass es bei unseren Bemühungen um mehr ging als darum, Bäume zu pflanzen: Es ging auch darum, Samen ganz anderer Art zu säen – diejenigen Samen nämlich, die es braucht, um die Wunden von Gemeinschaften zu heilen, die ihres Selbstvertrauens und ihrer Selbsterkenntnis beraubt wurden. Es wurde immer deutlicher, dass die einzelnen Mitglieder dieser Gemeinschaften ihre authentische Stimme wiederentdecken und sich für ihre eigenen (Menschen-, Umwelt-, Bürger- und politischen) Rechte einsetzen mussten. Unsere Aufgabe bestand also auch darin, die demokratischen Räume auszuweiten, innerhalb derer einfache Bürger selbst Entscheidungen treffen können, die ihnen selbst, ihrer Gemeinschaft und ihrem Land zugute kommen – und auch der Umwelt, die sie ernährt.

In diesem Zusammenhang wurde mir bewusst, dass es in der Tat *etwas* gab, das das GBM und diejenigen, die sich im Laufe der Jahre dafür engagierten, inspirierte und stützte. Viele Menschen aus unterschiedlichen Gemeinschaften und Gegenden kamen in Kontakt mit dem GBM, weil sie Teil dieses Ansatzes und dieser Erfahrung sein wollten. Mit der Zeit wurde mir klar, dass die Arbeit des GBM nicht nur auf Leidenschaft und einer Vision gründete, sondern auch auf einigen immateriellen Grundwerten.

Die vier Grundwerte des Green Belt Movement

Liebe zur Umwelt: Diese Liebe lässt sich daran ablesen, welche Lebensweise ein Mensch pflegt. Sie bringt jemanden dazu, sich in positiver Weise für die Erde einzusetzen. So kann man etwa Bäume pflanzen und für ihr Überleben sorgen, bereits vorhandene Bäume pflegen, Tiere und ihre Lebensräume schützen, den Ackerboden bewahren oder in ähnlicher Weise aktiv werden, um auf greifbare Weise die Achtung vor der Erde und der unmittelbaren Umwelt zum Ausdruck zu bringen sowie für alles, was daraus hervorgeht.

Dankbarkeit und Achtung gegenüber den Ressourcen der Erde: Diese bestehen in der Wertschätzung für alles, was die Erde uns gibt. Aufgrund dieser Wertschätzung möchte man nichts davon vergeuden und macht sich deshalb die drei „R" zu eigen: Reduzieren – Wiederverwenden (engl. *reuse*) – Recyceln. Im Japanischen wird dieses Konzept als *Mottainai* bezeichnet.

Selbstermächtigung und Selbstverbesserung: Hierunter ist der Wunsch zu verstehen, das eigene Leben und die Lebensumstände im Geist der Eigenständigkeit zu verbessern und nicht darauf zu warten, dass jemand anderes dies für mich tut. Dazu gehört auch die Absage an Trägheit und selbstzerstörerisches Handeln wie etwa Suchtabhängigkeit. Dies umfasst auch die Einsicht, dass nicht nur die Macht zur Veränderung in einem selbst liegt, sondern auch die Fähigkeit, sich die dazu notwendige innere Kraft anzueignen.

Der Geist des Dienens und des ehrenamtlichen Engagements: Dieser Wert spielt bei der Arbeit des Green Belt Movement eine sehr große Rolle. Darunter ist zu verstehen, dass man Zeit, Kraft und Ressourcen dazu einsetzt, für andere tätig zu werden, ohne dafür eine Entschädigung, Dankbarkeit oder Anerkennung zu erwarten oder einzufordern. Diese Selbsthingabe zeichnet Propheten, Heilige und viele Heldinnen und Helden des Alltags aus. Hier geht es vorrangig darum, seinen Teil zum Gemeinwohl beizutragen: Sowohl für die, die uns lieb und teuer sind, als auch für Fremde, selbst wenn sie in großer Ferne leben. Zu den „anderen“ gehören auch die nichtmenschlichen Wesen, mit denen wir das Leben und die Erde teilen.

In diesen Werten sind die immateriellen, unterschwelligen und ideellen Aspekte des GBM als Organisation enthalten. Ich bin davon überzeugt, dass die Organisation ohne sie keinen Bestand und nicht solchen Erfolg gehabt hätte, weil viele der Tätigkeiten nie für Geld, Ruhm oder für das eigene Vorankommen verrichtet wurden – und schon gar nicht mit der Erwartung, eines Tages den Friedensnobelpreis zu bekommen! Manchmal ist diese Arbeit zermürbend und ermüdend gewesen. Doch weil wir diese Werte bejahen – und auch unsere Verpflichtung dazu, Gerechtigkeit, Gleichheit, Verantwortung und Verantwortlichkeit zu verkörpern –, wurde die Beharrlichkeit zu unserem Markenzeichen: bei unseren Kampagnen und in unserem Umgang mit den Gemeinden, Mandatsträgern, religiösen Führern, Aktivisten und sogar Staatsmännern.

An diesen Werten orientiert sich aber nicht allein das Green Belt Movement. Es sind universelle Werte, doch man kann sie nicht anfassen oder sehen. Ihr Wert lässt sich nicht in Geld messen; insofern sind sie unbezahlbar. Sie geben an, worin unser Menschsein besteht.

Diese Werte sind nicht nur bestimmten religiösen Traditionen eigen. Ebenso wenig muss man sich zum Glauben an einen Gott bekennen, um nach ihnen zu leben. Vielmehr scheinen sie zum Menschsein dazuzugehören. Ich bin davon überzeugt, dass wir bessere Menschen werden, wenn wir uns an sie halten, und dass es der Menschheit besser bekommt, wenn sie sich an ihnen orientiert, als wenn sie dies nicht tut. Wenn diese Werte ignoriert werden, dann treten an ihre Stelle Laster wie Selbstsucht, Korruption, Habgier und Ausbeutung, die in den Tod führen können.

Durch Erfahrung und Beobachtung habe ich erkannt, dass die Vernichtung der Erde sich auch auf die Menschheit erstreckt. Wenn wir in einer verletzten Umwelt leben – in der das Wasser verschmutzt ist, die Luft voller Ruß und Rauch, die Nahrung mit Schwermetallen und Kunststoffrückständen verseucht ist oder der Ackerboden nur noch aus Staub besteht –, dann verwundet uns das, es beschädigt unsere Gesundheit und ruft körperliche, seelische und spirituelle Verletzungen hervor. Durch die Erniedrigung der Umwelt werden wir selbst und die gesamte Menschheit erniedrigt.

Doch auch das Umgekehrte trifft zu. Wenn wir die Heilung der Erde unterstützen, dann helfen wir uns auch selbst. Wenn wir sehen, wie die Erde angesichts des Verlusts des Mutterbodens, der Artenvielfalt oder aufgrund von Dürre und Versteppung blutet, und wenn wir dann das Verlorene zurückgewinnen oder retten – beispielsweise durch die Wiederaufforstung zerstörter Wälder –, dann wird uns die Erde bei unserer Selbstheilung und faktisch auch bei unserem Überleben helfen. Wenn wir gesündere, unverfälschte Nahrung zu uns nehmen können, wenn wir reine Luft atmen und sauberes Wasser trinken können, wenn der Boden eine Fülle an Pflanzen und Körnern hervorbringen kann, dann heilen unsere Krankheiten, und unsere ungesunde Lebensweise wird korrigiert. Die gleichen Werte, die uns im Dienst der Regeneration der Erde leiten, arbeiten auch für uns: Wir können uns selbst lieben, indem wir die Erde lieben. Wir können Dank für uns selbst empfinden, so wie wir auch für die Freigiebigkeit der Erde dankbar sind. Wir können vorankommen, wenn wir unsere Selbstermächtigung zur Entwicklung der Erde nutzen. Wir können uns selbst einen Dienst erweisen, wenn wir uns in ehrenamtlicher Tätigkeit für die Erde einsetzen.

Wir Menschen besitzen ein Bewusstsein, das es uns ermöglicht, Liebe, Schönheit, Kreativität und Innovationskraft zu schätzen, aber auch deren Fehlen zu beklagen. In dem Maße, in dem wir über uns selbst und unsere normalen biologischen Instinkte hinausgehen, machen wir die Erfahrung, was es bedeutet, ein Mensch zu sein und sich darin von anderen Lebensformen zu unterscheiden. Wir können empfinden, wie schön der Tau oder eine blühende Blume ist, das über Kieselsteine rinnende Wasser, der majestätisch große Elefant, der zerbrechliche Schmetterling, ein Weizenfeld oder im Wind treibende Blätter. Solche ästhetischen Reaktionen sind an sich von Wert; als Reaktionen auf die Natur können sie in uns zudem ein Gefühl für das Wunderbare und die Schönheit hervorrufen, das wiederum einen Sinn für das Göttliche wecken kann.

Mit diesem Bewusstsein ist eine Würdigung verbunden. Auch wenn ein bestimmter Baum, ein Wald oder ein Berg vielleicht nicht an sich heilig ist, so ist doch unser Dasein nur möglich durch das, was sie an Lebenserhaltendem hervorbringen – den Sauerstoff zum Atmen und das Wasser zum Trinken –, und deshalb haben sie unseren Respekt verdient. In diesem Sinn ist die Umwelt als heilig anzusehen, weil die Zerstörung der Lebensgrundlagen die Zerstörung des Lebens selbst ist. Genauso sind die spirituellen Werte, die ich in diesem Buch erkunde, eng mit der Natur verbunden. Zahlreiche Propheten aus verschiedenen Religionen sind durch die Natur inspiriert worden oder haben sich in die Natur zurückgezogen, um ihre Weisheit für sich zu nutzen. Darüber hinaus fehlen uns Menschen oft die Worte, um unsere Gedanken und Vorstellungen über das Numinose auszudrücken. Dann verwenden wir Symbole, die wir häufig aus der Natur entlehnen, wie etwa den Baum, den Fluss, die Sonne, den Mond oder die Tiere.

Genau wegen dieses Zusammenhangs sollten religiöse Menschen am engsten mit der Erde verbunden sein, und sie sollten als erste erkennen, dass sie der Heilung bedarf. Unglücklicherweise jedoch haben viele Menschen durch Industrialisierung, Mechanisierung, Verstädterung und den Verlust von Lebensräumen den Kontakt zur Welt der Natur verloren. Die ursprünglichen Ideen und Gedanken der Religionsstifter und -begründer wurden abgewandelt und verfälscht, damit sie den Bräuchen der Menschen entsprachen, die ihnen anhingen. In der Folge entfernten sich die Anhänger von dem, was die Gründer ursprünglich vermittelt hatten. Im Christentum beispielsweise wurden Aspekte des ursprünglichen Glaubens von der Sorge für die Erde abgetrennt, als Glaubensanhänger politische Bündnisse mit denen eingingen, die auf Expansionismus, Kolonialismus und die Ausbeutung von Mensch und Erde bedacht waren. Bald danach entstanden die Wunden, die heute geheilt werden müssen.

In *Die Wunden der Schöpfung heilen* untersuche ich eine breitere Umsetzung der Grundwerte, die leitend für das Green Belt Movement sind und die weiterhin im Zentrum seiner Aktivitäten stehen, wo immer der Geist der Bewegung bejaht wird. Diese Werte müssen größere Verbreitung finden, wenn wir die unzähligen Wunden heilen wollen, die unserem Planeten und in der Folge auch uns selbst zugefügt wurden. Nun bin ich weder Theologin, noch habe ich Religionen oder Glaubenstraditionen erforscht. Deshalb ist dieses Buch nicht als eine theologische Untersuchung oder als ethischer Leitfaden für Umweltschützer zu verstehen. Die von mir hier erkundeten Werte erheben keinen Anspruch auf Vollständigkeit; vielmehr sind es die, die in meinem Leben und bei meiner Arbeit die größte Rolle gespielt haben. Sie sind keine Binsenweisheiten, und sie werden neuen wie langjährigen Mitgliedern des Green Belt Movement ständig in Erinnerung gerufen.

Dieses Buch besteht aus drei Teilen. Im ersten Teil (Kapitel 1 und 2) untersuche ich die Relevanz der Grundwerte und beschreibe, wie sie für die Arbeit des Green Belt Movement und in gewissem Maß auch für mein Leben wichtig wurden. Ich werde von einer langen Reise erzählen, deren Höhepunkt eine Fahrt in den kongolesischen Regenwald war, anhand dessen sich viele Wunden der Erde beispielhaft vor Augen führen lassen. Ich beschreibe also die äußeren Bedingungen, die unsere beschädigte Welt ausmachen. Der Einfluss dieser Bedingungen erstreckt sich nicht nur auf die Umwelt, in der wir leben, sondern auch auf das, was sich als unsere innere Ökologie bezeichnen ließe, unsere Seele und das Gefühl unseres Menschseins. Unsere erste Aufgabe muss darin bestehen, diese Wunden zur Kenntnis zu nehmen. Das ist einerseits einfach und zugleich, weil einige dieser Wunden sehr tief sind, extrem schwierig.

Manchmal müssen wir, um klar sehen zu können, einen Schritt beiseite treten und die Situation von anderen Perspektiven aus betrachten. In Kapitel 3, dem zweiten Teil dieses Buches, nenne ich drei Perspektiven, auf unseren Planeten zu blicken. Die erste besteht in der Gesamtschau und bedient sich des Blicks auf die Erde vom Weltall aus, wie wir ihn seit der Mondlandung kennen. Die zweite besteht in einem einfachen, aber langen Blick auf die Geschichte der Erde über die verschiedenen Zeitalter hinweg. Und die dritte Perspektive ist das Bild der Erde, das wir haben, wenn wir den Schwerpunkt auf das Lokale und Kleine legen. Jede dieser Perspektiven hilft uns beim Wandel unseres Bewusstseins und ruft uns unseren relativen Ort im Weltall in Erinnerung sowie die Tatsache, dass wir ein Teil alles Seienden sind – und nicht davon abgesondert.

Im dritten Teil von *Die Wunden der Schöpfung heilen*, den Kapiteln 4 bis 11, untersuche ich die Relevanz der vier Grundwerte des Green Belt Movement für unsere alltäglichen Handlungen – unabhängig davon, ob wir in Afrika leben oder anderswo. Obwohl ich durch meine Lebenserfahrung zu einem ökumenischen Verständnis des Glaubens gelangt bin, ist in Kenia wie auch im größten Teil Afrikas südlich der Sahara das Christentum die vorherrschende Religion, und die Bibel ist meist der einzige Text, den die Menschen mit ihm in Verbindung bringen. Wenn wir beim GBM versuchen, die einheimischen Gemeinschaften zu erreichen, bedienen wir uns deshalb der Bibel. Darum entstammen viele Beispiele den Texten, die von den Christen als das Alte und das Neue Testament bezeichnet werden. Leider wird von den Gläubigen oftmals nicht gesehen, dass diese Lehren darüber orientieren, wie man mit den natürlichen Ressourcen der Erde umgehen soll. In diesen Kapiteln widme ich mich auch anderen Religionen und spirituellen Traditionen, die eine Wertschätzung oder den Respekt für die Welt der Natur erkennen lassen und die Wege aufzeigen, wie die Wunden der Erde erkannt werden können und wie man an ihrer Heilung arbeiten kann.

Zusammen mit dem jüdisch-christlichen Erbe veranschauliche ich in diesem Buch einige der Themen anhand von Beispielen aus den traditionellen Praktiken der Gemeinschaft der Kikuyu. Dieser Gemeinschaft gehöre ich selbst an, und in ihr bin ich aufgewachsen. Ihre Weltsicht ist repräsentativ für viele ursprüngliche und indigene Gemeinschaften oder Mikro-Nationen, und es ist die Tradition, die ich am besten kenne. Obwohl diese Weltsicht von den christlichen Missionaren für „primitiv" gehalten wurde, standen die Bräuche und Werte der traditionalen Gesellschaften nicht unbedingt im Widerspruch zu den „neuen" oder „modernen" religiösen Lehren, die Erleuchtung, Reichtum und Glück verhießen, vor allem im Leben nach dem Tod. Leider hielten die Missionare die einheimischen Rituale und Zeremonien für unvereinbar mit dem neuen Glauben. Darum wurden diese Praktiken oft dämonisiert und schließlich ausgelöscht, woran auch die Ureinwohner selbst einen Anteil hatten. Das war besonders deshalb tragisch, weil Wissenschaftler heute erkennen, dass mit diesen traditionalen Kulturen und ihren Lebensweisen die Bewahrung der großen Artenvielfalt ihrer jeweiligen Umwelt einherging. Aus diesem Grund erscheint es vielen Menschen inner- und außerhalb der Wissenschaft mittlerweile als naheliegend und lohnend, sich den Glaubensvorstellungen ursprünglicher Völker wieder zuzuwenden, um soviel wie möglich von ihnen zu lernen, bevor sie völlig verschwunden sind.

Als Laiin ist mein Verständnis des Göttlichen sehr begrenzt, und auch wenn das Wort „Gott" in diesem Buch dazu verwendet wird, den monotheistischen Gott der abrahamitischen Religionen (Judentum, Christentum und Islam) und der Kikuyu zu bezeichnen, benutze ich daneben zusätzlich den Begriff „Quelle".

Ein solcher Begriff hilft dabei, das Bild aus der Welt zu schaffen, das viele Christen immer noch im Kopf haben: Danach erscheint Gott als ein gütiger Großvater, der im Himmel sitzt, alles beobachtet und unsere Geschicke lenkt. In diesem Sinn soll hier die *Quelle* der Ort aller Erkenntnis und allen Bewusstseins sein. In ihr ist all das versammelt, was uns unerklärlich ist: Manche nennen es Gott, andere die Natur, und wieder andere die Schöpferkraft. Auch wenn verschiedene Kulturen dieser ursprünglichen Kraft – die von den alten Griechen als Alpha und Omega bezeichnet wurde – unterschiedliche Namen gegeben haben und manche Menschen ihr überhaupt keinen Namen geben wollen: Wer mag behaupten, dass es die *Quelle* nicht gibt, und wer mag bestreiten, dass wir nicht auf irgendeine Weise allesamt Energieformen sind?

Innerhalb dieses Konzeptes ist es nicht die Aufgabe der *Quelle*, die Fehler achtloser oder ignoranter Menschen zu beheben. Wenn Bauern ihr Land überweiden, wenn sie durch das Fällen von Bäumen der Versteppung Vorschub leisten, wenn sie Bodenerosion hinnehmen oder Regenwasser nicht auffangen, dann ist nicht Gott daran schuld, wenn es Dürren gibt und die Menschen mit den negativen Folgen zurechtkommen müssen. Man fragt sich, ob die Vorstellung von Gott als Ursprung alles Seienden bei gläubigen Menschen nicht zu der Erkenntnis führen müsste, dass sie eine Verantwortung tragen, weil sie die Verwalter der göttlichen Schöpfung und damit auch ihres eigenen Überlebens sind.

Auch wenn Gott die *Quelle* ist, so werden wir doch nicht grenzenlos mit allem versorgt, was unser Herz begehrt. Wenn im Dorf ein Brunnen gebohrt wird oder in der Nähe ein Fluss fließt, dann glauben zu viele Gläubige, dass die *Quelle* sie nun für alle Zeit mit Wasser versorgt. Doch der Fluss oder die Quelle kann austrocknen, und was für unerschöpflich gehalten wurde, ist plötzlich ausgebeutet. Unsere menschliche Fähigkeit Grenzen zu verstehen und die Tatsache anzuerkennen, dass wir auf einem Planeten mit begrenztem Naturkapital leben, hält mit den Erkenntnissen der Wissenschaft nicht Schritt. Die Lebensweisen der relativ Reichen und die ständig wachsende Zahl von Menschen, die selbst auch nach den materiellen Gütern streben, die mit diesen Lebensweisen einhergehen, stellen eine schwere Belastung der Ökosysteme dar, von denen dieser Reichtum wiederum abhängt.

Wissenschaftler, Klimaforscher und andere schlagen Alarm, weil die Zeit, in der wir ernsthafte Versuche zur Abschwächung der Folgen des Klimawandels unternehmen können, begrenzt ist. Der Weltklimarat (Intergovernmental Panel on Climate Change; IPCC) schätzt, dass die globale Temperatur bis zum Jahr 2100 beträchtlich ansteigen wird, zwischen 1,8°C und 4°C. Es wird erwartet, dass der Meeresspiegel bis zum Ende dieses Jahrhunderts um 28 bis 43 cm ansteigt, wodurch kleine Inselstaaten gefährdet sind.[1] Wetterextreme wie Dürren, Überschwemmungen, Hitzewellen und Hurricanes werden häufiger und man geht davon aus, dass diese Tendenz sich verstärkt, weil das Klima unberechenbarer wird.

Man erwartet, dass Afrika mit Temperaturanstiegen von 0,2°C bis 0,5°C pro Jahrzehnt vom Klimawandel besonders stark betroffen sein wird. Die Erwärmung wird besonders in den halbwüstenartigen Rändern der Sahara und in den zentralen Gebieten des südlichen Afrika zu spüren sein. Sollten die höheren Schätzwerte zutreffen, dann würde es in großen Teilen Afrikas zu beträchtlichen Schwankungen bei den jahreszeitlichen Regenfällen kommen, was zu häufigeren Dürren, Missernten, Überschwemmungen und zu stärkerer Versteppung führen würde. Darüber hinaus gibt es dem IPCC zufolge „einen breiten Konsens darüber, dass der Klimawandel durch zunehmende Wetterextreme dazu führen wird, dass die Ernährungslage [in Afrika] weniger sicher sein wird.“[2]

Der Klimawandel zwingt uns alle, Reiche wie Arme, zu der Erkenntnis, dass wir einen Punkt in der Entwicklung dieses Planeten erreicht haben, an dem unsere Wünsche und Bedürfnisse über die Möglichkeiten der Erde hinausgehen. Manche von uns werden mit weniger auskommen müssen, wenn die, die sehr wenig haben, genug zum Überleben haben sollen. Das wird bei einigen von uns ein bewusstes Neinsagen erfordern – neben dem Entdecken anderer, weniger destruktiver Weisen des Jasagens.

Wir wissen nicht genau, wie oder wo sich in diesem Jahrhundert die Folgen des Klimawandels bemerkbar machen werden. Computerberechnungen sagen voraus, dass Stürme, Dürren und andere katastrophale Wetterereignisse wohl häufiger und heftiger werden. Solchen Berechnungen zufolge ist es auch sehr wahrscheinlich, dass der ansteigende Meeresspiegel tiefer gelegene Gebiete der Erde überfluten wird. Zu diesen zählen auch Regionen mit hoher Bevölkerungsdichte und so könnten Millionen von Menschen dazu gezwungen werden, massenhaft ins Landesinnere zu ziehen oder sich in riesigen Flüchtlingsflotten aufs offene Meer hinauszubewegen. Wahrscheinlich wird es wegen der ungewisseren Ernten und dem Druck auf die knappen natürlichen Ressourcen häufiger zu Konflikten zwischen den (vertriebenen und anderen) Völkern kommen. Dies lässt sich in der Tat bereits im Sudan, in Ostafrika und andernorts beobachten. Die Industrieländer mögen über die technologischen und finanziellen Möglichkeiten verfügen, mit den schlimmsten Umwälzungen fertigzuwerden. Doch die mehr als fünf Milliarden Menschen in den weniger industrialisierten Ländern (deren Zahl weiter steigt) können dies gegenwärtig nicht.

In keiner Weise wird sich die notwendige Heilung von allein ereignen; sie wird mit viel Arbeit verbunden sein. Denn die Wunden, die der Erde geschlagen wurden, sind tief. Wenn wir uns nicht am Heilungsprozess der Erde beteiligen können oder wollen, dann wird die Erde vielleicht auch nicht mehr für uns sorgen. Der Naturwissenschaftler James Lovelock (der sich den Planeten als Gaia vorstellt, als gewaltigen, verbundenen Organismus eigener Art) nimmt an, dass die Erde – durch welche Regulierungsmaßnahmen auch immer – eine Möglichkeit finden wird, wieder zum Zustand thermalen Gleichgewichts zurückzukehren. Die Verlierer dabei könnten allerdings wir und andere Spezies sein, wenn wir uns nicht schnell genug anpassen können. Folgende Fragen sollten wir uns darum stellen: Sind wir vorausschauend genug, dafür zu sorgen, dass der schlimmste Fall nicht eintritt, oder warten wir, bis es zu spät ist? Wir besitzen die Macht, die Erde auf ein Ziel hin zu lenken, das auch unseren Zielen nutzt? Werden wir unsere Gewohnheiten und Werte rechtzeitig korrigieren, um unsere eigene Zerstörung aufzuhalten?

Diese Fragen verlangen nach mehr als nur nach einer wissenschaftlichen Antwort. Deshalb ist die Umweltkrise sowohl eine physische als auch eine spirituelle Krise. Um sich mit ihr zu beschäftigen, ist eine neue Ebene des Bewusstseins vonnöten, auf der wir begreifen, dass wir zur größeren Familie des Lebens auf der Erde gehören. Wenn wir zu diesem Bewusstsein vordringen, dann können wir erkennen, dass der Planet verletzt ist, und wir können uns die spirituellen Werte zu eigen machen, die uns dabei helfen, uns mit diesen Wunden zu beschäftigen. Wir können erkennen, dass es in unserer Natur liegen sollte, Verwalter des Planeten zu sein und das zu tun, was für die Erde richtig ist – und damit auch für uns selbst.

1. Anfänge

INNERHALB WENIGER JAHRE nach seiner Gründung im Jahr 1977 war das Green Belt Movement von einem kleinen Projekt des Kenianischen Nationalen Frauenrates zum Bäumepflanzen zu einer hauptamtlichen Tätigkeit herangewachsen. Zur gleichen Zeit entwickelte sich aus einigen wenigen örtlichen Gruppen ein Verbund von tausenden solcher Gruppen. An diesem Punkt wurde klar, dass sich weder die Gruppen noch ihre einzelnen Mitglieder selbst an die Verhaltensstandards hielten, die sie von anderen erwarteten – vor allem von den Regierenden, die ohnehin sehr in der Kritik standen. Zu diesen Standards gehörten Redlichkeit, hartes Arbeiten sowie die Verpflichtung zu Transparenz und Verantwortlichkeit. Es wurde immer deutlicher, dass die Arbeit des Green Belt Movement zur Wiederherstellung der zerstörten Umwelt mit den Gemeinden nicht weiter erfolgreich sein könnte, wenn die Teilnehmenden sich nicht eine Reihe von Grundwerten zu eigen machen würden.

Darum war es notwendig, das Bewusstsein für Fragen der Führung und des Umgangs mit Ressourcen zu schärfen. Daraufhin entwickelten sich die bereits genannten Werte – Liebe zur Umwelt, Dankbarkeit und Achtung gegenüber den Ressourcen der Erde, Selbstermächtigung und Weiterentwicklung sowie der Geist des Dienens und des ehrenamtlichen Engagements – zu einem zentralen Merkmal unserer „politischen Bildung und Umweltbildung". So bezeichneten wir eine Seminarreihe für diejenigen, die sich an der Arbeit der Bewegung beteiligen wollten. Auf diese Weise konnten sie die Arbeitsweise und die Werte kennenlernen, an denen sie sich orientieren sollten. Die Seminare waren so angelegt, dass sie das Verständnis für die eigentlichen Ursachen der ökologischen Zerstörung vertieften und auch dafür, welche Rolle das politische Ressourcenmanagement bei der Schädigung der Umwelt spielt. Die Teilnehmenden sollten darüber nachdenken, warum ihre Umwelt geschädigt wurde und welchen Part sie und andere Mitglieder ihrer Gemeinschaft sowie die Gesellschaft als ganze dabei innehatten.

In jedem Seminar benennt die jeweilige Gruppe ihre Probleme. Dann wird sie dazu aufgefordert, die Ursachen für diese Probleme herauszufinden und eine Reihe von Maßnahmen zu entwickeln, die sich zur kurzfristigen und zur langfristigen Lösung dieser Probleme ergreifen lassen – und zwar im Hinblick auf einzelne Menschen, auf Haushalte und auf die Gemeinschaft in kleinerem oder größerem Rahmen. Viele Menschen sehen das Pflanzen eines Baumes zur Deckung ihres Grundbedarfs als sinnvoll an. Neu ist für sie dagegen der Gedanke, dass sie damit eine saubere und gesunde Umwelt schaffen, die allen zugutekommt und nicht nur einzelnen Menschen. Während der Seminare werden Frauen und Männer, die sich vorher kaum für Umweltfragen interessiert haben, dazu ermächtigt und angeregt, selbst aktiv zu werden. In ihnen wächst die Bereitschaft, für etwas zu arbeiten, das über sie selbst hinausgeht. Wenn sie nach Hause kommen, dann wollen sie unbedingt erzählen, wie viele Setzlinge sie in den Baumschulen gezogen haben, wie viele Bäume sie gepflanzt und mit wie vielen Menschen sie in ihren Gemeindeversammlungen und in den Kirchen über ihr neu entdecktes Interesse gesprochen haben. Für viele GBM-Mitglieder folgt aus der Befriedigung an der Arbeit, dass sie die geringe finanzielle Entschädigung für jeden angewachsenen Baumsetzling lediglich als Zeichen der Anerkennung wahrnehmen – als die sie auch zu verstehen ist – und nicht als formellen Lohn für geleistete Arbeit. Diese Menschen beschäftigen sich dann nicht mehr nur mit sich selbst, sondern auch mit dem Wohl der ganzen Gesellschaft.

Wer sich die zentralen Werte des Seminars – Liebe zur Umwelt, Dankbarkeit und Achtung gegenüber den Ressourcen der Erde, Selbstermächtigung und Weiterentwicklung sowie den Geist des Dienens und des ehrenamtlichen Engagements – zu eigen gemacht hat, engagiert sich auch danach weiter bei der Erhaltung der Baumschulen, beim Umpflanzen von Setzlingen und bei der Wiederherstellung von Landschaften und heimischen Wäldern. Diese Menschen sind auch bei anderen Aktivitäten des GBM dabei wie etwa beim Sammeln von Regenwasser, bei der Terrassierung ihrer Felder im Kampf gegen die Bodenerosion und beim Anbau von Feldfrüchten in ihrem Garten, um die Versorgung ihres Haushalts mit Nahrungsmitteln zu verbessern. Sie sind auch beteiligt beim Bau und bei der Erhaltung von einfachen Sanddämmen, mit denen die Wasserversorgung in der Trockenzeit sichergestellt wird. Und nicht zuletzt treten sie für ihr Recht auf eine saubere und gesunde Umwelt ein.

Zu Beginn meiner Arbeit mit dem Green Belt Movement war ich überrascht, dass viele Einzelne und Gruppen diese spirituellen Werte nicht als Teil ihrer Religion praktizierten. Zu dieser Zeit waren fast alle Beteiligten Christen, und diese Werte sind tief in der christlichen Lehre verankert. Ich habe sie zuerst von meinen Eltern gelernt, danach von meinen Lehrern, Freunden, Mitgliedern meiner Gemeinschaft und von Kollegen. Meine Mutter hat immer hart gearbeitet, und ich half ihr in einem Maß, das ich mir heute kaum noch vorstellen kann. Obwohl ich noch sehr klein war, baute ich Feldfrüchte auf dem Feld an, sammelte Brennholz, holte Wasser von einem nahen Bach, ging auf den Markt und machte viele Besorgungen für sie. Ich passte auf meine kleineren Geschwister auf, und ich erinnere mich daran, dass ich einmal eine sehr große Ernte roter Kidneybohnen, die selbst für unseren Esel zu schwer war, nach Hause schleppte. Auch mein Vater arbeitete hart als Mechaniker auf der Farm eines britischen Siedlers und ernährte eine große Familie.

Als ich heranwuchs, lernte ich auch, dass die Generation meiner Großeltern ein stolzes Erbe pflegte: Ein klares Bekenntnis zur Gerechtigkeit, Rechtsbewusstsein und der Glaube an die Ehrlichkeit. Sie hatten diese Werte nicht erst lernen müssen – sie hatten sie sehr früh in ihrem Leben als Erbe erhalten. Wenn Kinder Werte kennenlernen und wenn sie sehen, wie diese von ihrer Umgebung gelebt und in die Tat umgesetzt werden, dann werden die Werte ein Teil ihrer Persönlichkeit und sind nur noch schwer abzulegen.

Auch in der Schule wurde ich dazu aufgefordert, ehrlich zu sein, und ich war in der glücklichen Situation, dass meine geistige Einstellung nicht durch Vorurteile oder religiöse Dogmen beschränkt war. Von meinem zwölften Lebensjahr an bin ich von katholischen Schwestern unterrichtet worden: Zuerst von Consolata-Schwestern aus Italien, dann von irischen Loretoschwestern und zuletzt von den Benediktinerinnen des Mount St. Scholastica College in den USA. Sie förderten meine Neugier, die Aneignung wissenschaftlicher Methoden und die Anwendung kritischen Denkens. Unter solchem Einfluss war es für mich leicht, zuzuhören und vorurteilsfrei zu entscheiden, und dies ist mir in meinem Leben sehr zugute gekommen.

Heute werde ich oft gefragt, wie ich vor vielen Jahrzehnten zu der Entscheidung kommen konnte, dass die Umwelt so wichtig sei. Das war nur in begrenztem Maß meine eigene Entdeckung. Ich wurde von Ereignissen geleitet, die sich zu dieser Zeit in meiner Umgebung abspielten. Zum Beispiel hielt die UNO 1972 ihre erste Weltumweltkonferenz in Stockholm ab. 1973 wurde das UN-Umweltprogramm (UNEP) unter seinem ersten Direktor Maurice Strong in Nairobi eingerichtet. Ich wurde eingeladen, mich einer Gruppe anzuschließen, die das Environmental Liaison Center International einrichtete, eine (gemeinnützige) Nichtregierungs-Umweltorganisation, deren Zweck darin bestand, eng mit dem UNEP zusammenzuarbeiten und seine Tätigkeit zu überwachen.

Ich lernte von anderen, die viel mehr wussten als ich damals, und mein Interesse wuchs. Als ich im Vorfeld der ersten UN-Frauenkonferenz in Mexiko City 1975 kenianischen Frauen vom Land zuhörte, die ihre Probleme aufzählten, konnte ich bereits Antworten geben. Ich sah, dass der Grund all ihrer Schwierigkeiten in der zerstörten ländlichen Umwelt lag. Das Pflanzen von Bäumen erschien mir als konkrete und machbare Antwort darauf.

Ich begann, die Bäume als Antwort auf die Umweltprobleme der Frauen in Kenia zu betrachten; zum Teil auch deshalb, weil ich selbst auf dem Land aufgewachsen bin, umgeben von Bäumen und viel Grün. Allerdings hatte ich damals auch das Glück, dass ich mit Organisationen zu tun hatte, die sich dieses Themas bewusst wurden. Ich könnte auch auf die *Quelle* als Ursprung aller Ideen hinweisen, die sich dann entwickelten.

Manchmal kommt die Inspiration zum Handeln wie ein Funke, und manchmal ist sie eher ein Prozess. Ob man nun durch eine plötzliche Inspiration zum Handeln gebracht wird oder durch die langsame Erkenntnis, dass sich etwas ändern muss: Meiner Ansicht nach geht beides auf die *Quelle* zurück. Trotzdem ist es unbedingt notwendig, eine Haltung zu entwickeln, mit der man dieses Erwachen nutzen kann. Dazu gehört, dass man den Geist, die Augen und die Ohren offen hält, damit man bereit ist, wenn der richtige Gedanke kommt. Damit wir aus unserer Inspiration Nutzen ziehen können, ist es auch wichtig, empfänglich für neue Erkenntnisse zu sein und aufgeschlossen zu bleiben. Wir können es gar nicht genug würdigen, dass unser jeweiliges Gegenüber immer einen anderen Horizont besitzt als wir; es gibt immer wieder die Gelegenheit zu lernen und die eigenen Wahrnehmungen angesichts neuer Informationen oder Entdeckungen zu überprüfen.

Hin und wieder hat es den Anschein, als ob Ideen wie Früchte an den Bäumen hängen: Wenn sie reif sind, muss man sie pflücken, bevor sie herunterfallen. Wie die fünf weisen Jungfrauen im Gleichnis Jesu (siehe Matthäus 25,1–13) müssen wir die Gelegenheiten ergreifen, die sich uns bieten. Wir müssen dafür sorgen, im Hinblick auf unsere mentalen, körperlichen und spirituellen Fähigkeiten gut vorbereitet zu sein, um die Herausforderung anzunehmen. Die Umwelt muss reif sein.

Manchmal kommt es zu einem solchen Erwachen, wenn man an etwas arbeitet, sich für eine Sache engagiert oder sich gemeinsam für etwas einsetzt. Man merkt, wie wichtig eine Sache ist – so ging es mir mit der Umwelt –, arbeitet dann alleine an ihr und tauscht sich danach mit anderen darüber aus, wie wichtig diese Sache ist. Ehe man sich's versieht, gibt es viele Menschen, die sich ebenfalls für diese Sache engagieren.

Als ich zu den Frauen aus den ländlichen Gebieten über die Vorteile von Bäumen sprach – dass sie beim Kampf gegen die Bodenerosion helfen und den Zustand des Bodens verbessern, damit man gesunde Lebensmittel darauf anbauen kann; dass sie Brennholz, Futter für das Vieh und Schatten liefern; dass sie bei der Regulierung des Niederschlags helfen und kleinen Tieren und Vögeln einen Lebensraum bieten –, da wurde mir klar, dass ich die Büchse der Pandora geöffnet hatte. Beim Versuch der Lösung eines Umweltproblems entdeckte ich viele weitere Probleme, vor denen die Frauen und ihre Gemeinschaften standen.

Als ich die ersten Seminare zur politischen Bildung und Umweltbildung hielt, war mir aber nicht klar, dass es um die zentralen Grundwerte der Arbeit des Green Belt Movement so schlecht bestellt sein würde. Ohne den

Wert der ehrenamtlichen Tätigkeit ist die Arbeit der Organisation auf Dauer jedoch nicht möglich, weil wir nie viel Geld gehabt haben. Es ist nicht möglich, Menschen für jede noch so kleine Arbeit zu entlohnen; man kann und sollte nicht alles, was wir für die Umwelt tun, mit einem Preisschild versehen. Genauso ist es von jeher gewesen, bevor die Geldwirtschaft nach Kenia kam: Die Menschen hatten einen ausgeprägten Sinn dafür, dass sie ihrer Gemeinschaft etwas zurückgeben müssen, indem sie ehrenamtliche Dienste zum Wohl der Gemeinschaft übernahmen. Je mehr sich die Menschen vom traditionellen Lebensstil entfernten und „moderner" wurden, umso weniger waren sie zu solchen Diensten bereit. Für alles musste bezahlt werden, und wer nicht zahlen konnte, blieb außen vor.

Dieser moderne Wertemangel begegnete uns in jedem Bereich der Gesellschaft: in der Regierung, die uns nicht nur mit Gleichgültigkeit, sondern oft mit unverhohlener Feindschaft gegenübertrat; in der Öffentlichkeit, in der nicht geglaubt wurde, dass irgendjemand – einschließlich der Mitglieder des Green Belt Movement – nur für das Gemeinwohl so hart arbeiten würde. Alle gingen davon aus, dass wir eigentlich andere Interessen verfolgten und es uns um Geld, Macht oder politische Interessen ging – nicht zuletzt deshalb, weil es keinen plausiblen Grund zu geben schien, warum ausgerechnet wir *nicht* den Lastern verfallen sein sollten, die zu Geld, Macht oder politischem Nutzen und Vetternwirtschaft führen. Niemand schien zu bemerken, dass solche Laster – zu denen auch Selbstsucht, Habgier und die Ausbeutung der verfügbaren Ressourcen zählen – zu Schäden führen, die letztlich alle betreffen würden. Die Folgen einer solchen Abkoppelung von den Anderen und von der Umwelt fallen letztlich auf die Gesellschaft zurück.

Als die Frauen zum GBM kamen und sich darüber beklagten, dass sie nicht genug Brennholz hätten, um gesundes Essen für ihre Kinder zu kochen, da konnten die Pessimisten nicht behaupten, dass Bäume *keine* praktikable Antwort seien. Sie waren allerdings erstaunt darüber, warum gerade *ich* mich der Aufgabe annahm, mit ihnen zu arbeiten und eine Lösung zu finden. Als ich erklärte, wie wichtig es sei, Kenias wichtigste Wassereinzugsgebiete nicht abzuholzen und an den Ufern, in Wäldern oder in Sumpfgebieten nicht die falschen Baumarten zu pflanzen, war immerhin ganz offensichtlich, dass es um ein ernsthaftes Problem ging, nämlich das Wasser und die Bodenerosion. Die Fragen der Kritiker bezogen sich also vor allem darauf, warum ausgerechnet *ich* dies zu meiner Aufgabe gemacht hatte.

Einige Leute fragten: „Kannst du mit deiner Ausbildung nichts Besseres anfangen?“ Schließlich gehörte ich der kleinen gebildeten Elite der kenianischen Gesellschaft an. Ich war Professorin an der University of Nairobi gewesen und man erwartete, dass ich mich im Hörsaal mit akademischen Fragen beschäftigte, statt auf den Feldern zu stehen und Frauen vom Land vom Bäumepflanzen zu überzeugen. Aber ich war nicht die Einzige, die Löcher grub! Mit mir zusammen pflanzten viele andere Frauen Bäume, und auch sie nahmen beträchtliche Anstrengungen auf sich, ohne dass es ihnen dabei um materielle Entschädigung oder den eigenen Vorteil gegangen wäre. Auch sie müssen von einer Reihe von Werten angetrieben worden sein; auch sie taten dies nicht einfach zur Befriedigung ihrer Grundbedürfnisse oder zu ihrem Vergnügen.

Seit seinen Anfängen hat sich das Green Belt Movement weiterentwickelt: von einer einfachen Baumpflanz-Bewegung zur Deckung des unmittelbaren Bedarfs hin zu einem Versuch, die Folgen des Klimawandels zu begrenzen und die Wunden der Erde zu heilen. Als die Bewegung begann, sich in Fragen der Regierungsführung und des Rechts einzumischen und die Mächtigen herauszufordern, die die Umwelt zerstörten und die Bürger dadurch in Gefahr brachten, dachten manche Leute vielleicht, dass das dumm sei oder zumindest sehr gewagt. Manchmal war ich mir selbst nicht sicher, warum ich damit weitermachte. Ich wusste aber eindeutig, dass diese Arbeit ohne Hintergedanken geschah und dass es dem GBM wirklich um schwerwiegende Probleme ging. Ich wurde mir immer sicherer, dass das, was wir taten, richtig war, weil wir mit ganz grundlegenden und praktikablen Lösungen auf reale und langwierige Probleme reagierten. Durch Erfahrung lernten die Teilnehmenden immer mehr, und ihre Arbeit brachte sie einen großen Schritt voran. Der Dienst am Gemeinwohl mag anstrengend und manchmal gefahrvoll sein, doch die *Quelle* und die Werte als starke Kräfte ließen uns weitermachen.

Zur rechten Zeit nahmen Menschen von außerhalb Kenias (in der Hauptsache aus Europa und den USA) Kontakt zu uns auf und wollten die Arbeit des GBM finanziell unterstützen. Dies taten sie nicht, damit die an der Arbeit des GBM Beteiligten daraus persönlichen Nutzen ziehen könnten, sondern weil sie der Umwelt und den in der Region lebenden Menschen etwas Gutes tun wollten. Sie sahen, dass der Schutz unserer Umwelt nötig und die Armut groß war. Als ich selbst Schwierigkeiten mit der kenianischen Regierung bekam, haben eine Reihe von Menschen ihr Leben riskiert, um mir zu helfen. Warum taten diese Menschen das? Sie waren nicht eng mit mir verwandt, gehörten nicht meiner Ethnie an und waren noch nicht einmal meine Landsleute. Sie taten es, weil sie wie viele andere Menschen auf der Welt nicht von Egoismus angetrieben wurden, nicht vom Wunsch, andere zu kontrollieren, und nicht vom Verlangen danach, immer mehr Besitz anzuhäufen. Es war Mitgefühl, das sie antrieb, Empathie und die Erkenntnis, dass die Umwelt überall geschützt werden muss und dass dies ein globales Anliegen von uns allen ist.

Die hier beschriebene Mischung aus Fragen nach der Motivation, der Entwicklung der Seminare zur politischen Bildung und Umweltbildung und aus meiner Arbeit draußen mit den Gruppen des Green Belt Movement war schließlich mein Anreiz, mich stärker in das Thema der spirituellen Werte zu vertiefen. Ich versuchte zu verstehen, warum die von solchen Werten angetriebenen Menschen dumm oder naiv sein sollen – oder beides –, wenn sie zum Wohle aller arbeiten wollen und von anderen Gleiches erwarten. Ich musste mich selbst fragen, warum gerade diese Werte für die Gesellschaft von Bedeutung sein sollen, auf welche Weise diese Werte etwas in unserem Leben verändern können, und ob die Menschen, die sich an diesen Werten orientieren, Narren oder Weise sind.

2. Die Wunden

ZU BEGINN DES Jahres 2009 begleitete ich eine kleine Gruppe aus einigen Zuständigen, einem Minister und einigen Vertretern der Presse auf eine Erkundungsmission. Wir begutachteten das Programm eines Holzunternehmens in der Republik Kongo um festzustellen, ob es ein Modell für nachhaltige Waldbewirtschaftung sein könnte.

Der Regenwald im zentralafrikanischen Kongobecken erstreckt sich über zehn Länder. Von diesen Ländern war ich im Jahr 2005, also vier Jahre zuvor, gebeten worden, Sonderbotschafterin dieses Ökosystems zu werden. Das Kongobecken ist ein Gebiet von gut 1,8 Millionen Quadratkilometern, in dem etwa fünfzig Millionen Menschen sowie Zehntausende von Pflanzen- und Tierarten leben. Meine Aufgabe sollte darin bestehen, diese Region mit ihrer Artenvielfalt und ihrer wichtigen Rolle für die Regulierung des Weltklimas bekannter zu machen. Ich war gerne dazu bereit, denn ich hatte selbst gesehen, wie lebensnotwendig die Wälder für die menschliche Gemeinschaft und für andere Spezies sind, die in ihnen leben.

Wissenschaftler bezeichnen den Wald des Kongobeckens nach dem Amazonas als „zweiten Lungenflügel der Erde“, wegen der Menge des von ihm aufgenommenen Kohlendioxids und des von ihm freigesetzten Sauerstoffs.

Dieses Ökosystem gesund zu erhalten und seine Ressourcen auf eine nachhaltige wie gerechte Weise zu nutzen, ohne es zu zerstören, ist nicht nur für Zentralafrika von Bedeutung, sondern für den gesamten Kontinent. Ohne den Wald des Kongo wäre Afrika eine einzige große Wüste. Der Wald muss geschützt werden.

Unsere kleine Gruppe startete mit dem Flugzeug in Brazzaville, der Hauptstadt der Republik Kongo. Stundenlang flogen wir erst nordwärts und dann nach Osten, unter uns meilenweit dichtes Grün. Wir landeten auf einer Landebahn in Pokola, einem kleinen Ort nahe der Grenze zu Kamerun. Ein Vertreter des Holzunternehmens schloss sich uns an und erklärte, dass das Unternehmen in dieser Region seit mehr als zwanzig Jahren Bäume fällte. Er deutete auf ein Areal, das vor etwa zehn Jahren geschlagen worden war. Ich konnte anhand der Dichte der Vegetation und der Anzahl und Höhe der Bäume sehen, dass der Wald zumindest hier in der Lage gewesen war, sich zu regenerieren.

Von dort aus stieg die Gruppe in zwei Boote und fuhr den Sangha hinauf, einen Nebenfluss des mächtigen Kongo. Der Sangha war breiter als eine normale vierspurige Straße in der Stadt, und sein dunkles, klares und ruhiges Wasser mäanderte lautlos durch den Wald. Die Flüsse meiner Kindheit im zentralen Hochland Kenias waren schmal, reißend und klar. Das Wasser zischte, wenn es über die Steine im Flussbett schoss. Doch allzu oft führt die Abholzung von Wäldern heute zur Verschlammung der Flüsse, und das Wasser ist so seicht, dass es über den Kieseln kaum flüstert. Manchmal trocknen die Flussbetten sogar komplett aus. Der Sangha war ein sehr erfreulicher Kontrast dazu – breit, nicht schlammig und wasserreich.

Nach etwa einer Stunde Flussfahrt kamen wir an eine Waldlichtung, an der wir aus den Booten stiegen. Die im

Wald lebenden Einheimischen begrüßten uns, darunter Aka-Pygmäen und andere Angehörige von Bantu-Gemeinschaften (einer Gruppe von Völkern des östlichen und südlichen Afrika, deren Sprachen verwandt sind und die den größten Teil der Bevölkerung des Kontinents stellen). Als die Menschen zur Begrüßung sangen und klatschten, stimmte ich als Ausdruck meines Dankes und meiner Anerkennung mit ein, auch wenn ich ihre Worte nicht verstand. Auch ohne Übersetzung konnten wir sehen, dass diese Menschen trotz der Freude in ihren Gesichtern sehr arm waren. Ihre Kleidung war zerlumpt, und ihre verhärmten Gesichter und dürren Leiber ließen erkennen, wie hart das Leben im Wald war.

Unser Gastgeber, der Vertreter des Holzunternehmens, wollte uns die Sozial- und Umweltverträglichkeit des Geschäfts vor Augen führen. Er führte uns zu einer Stelle, an der seiner Auskunft nach das Unternehmen mit den Aka zusammengearbeitet hatte, um die für ihre Kultur und ihre Nahrung wichtigen Bäume zu schützen. Auch wenn mir diese Sensibilität gefiel, musste ich doch feststellen, dass das geschützte Stück Wald im Vergleich zum abgeholzten klein war. Dennoch schien die dortige Gemeinschaft froh über den Versuch zu sein, die für ihre Kultur und Lebensweise wichtigen Bäume zu erhalten.

Das Unternehmen war auch sehr darauf bedacht, uns zu zeigen, dass das Fällen der Bäume durch die Arbeiter selektiv und nachhaltig geschah. Wir bekamen Schutzhelme und richteten unser Augenmerk dann auf einen großen Sapeli-Baum, der etwa zwanzig Meter hoch war und dessen Stamm vielleicht zweieinhalb Meter im Durchmesser maß. Seine Wurzeln spreizten sich am Boden fächerförmig auseinander und gruben sich fest in die Erde. Die Baumkrone aus kleinen, dunkelgrünen Blättern war breit und wie ein Schirm geformt.

Ein Vorarbeiter wies etwa zehn Männer mit Kettensägen an, den Baum so zu fällen, dass er in eine bestimmte Richtung fiele und nicht andere, jüngere Bäume schädigte, die noch wuchsen. Diese Sorge um die anderen Bäume beeindruckte mich ebenfalls. Wir sahen zehn oder fünfzehn Minuten lang zu, wie die Männer sägten. Schließlich schwankte der Baum, bevor er mit einem lauten Krachen, das den ganzen Wald zu erfüllen schien, zu Boden fiel.

Unser Gastgeber berichtete uns, dass der Baum sicher fast zweihundert Jahre alt gewesen sei. 200 Jahre! Soweit wir wissen, hätte er noch weitere 200 Jahre leben können: Er hätte Wasser gespeichert und durch sein Wurzelwerk den Boden festgehalten, er hätte Kohlenstoff aufgenommen und Sauerstoff freigesetzt, und sein Stamm und seine Krone wären das Zuhause von Vögeln, zahlreichen Insekten, Käfern und anderen Tieren gewesen. Dass es mehrere Minuten gedauerte hatte, bis die Sägen den Sapeli zu Fall brachten, ist ein Indiz dafür, dass er noch nicht bereit war zu stürzen, noch nicht bereit, seinen festen Halt im Boden zu lockern und noch nicht bereit, seinen Dienst an der Umwelt zu beenden.

Als ich zusah, wie der Baum fiel, schossen mir Tränen in die Augen. Der Vertreter des Holzunternehmens sah, dass ich berührt war und sagte: „Keine Sorge, im Wald gibt es noch Millionen von Bäumen."

Das war für mich nur ein schwacher Trost. Als wir zum Anlegeplatz zurückgingen, fragte ich den Vertreter, welcher Anteil des Sapeli als Nutzholz verwendet würde. Seine Antwort lautete: 35 %. Ich war überrascht, wie wenig das war, und fragte nach, warum die restlichen 65 % nicht verarbeitet und nach Übersee verschifft oder nach Brazzaville, Kinshasa oder auch Nairobi gebracht würden, in Städte, in denen es wertvoll und sehr gefragt wäre. Unser Gastgeber antwortete, dass dies logistisch nicht möglich und finanziell nicht rentabel sei. Er fügte hinzu, dass seine Firma durch den Import und den Gebrauch der dazu notwendigen technischen Geräte finanziell ins Hintertreffen geraten würde, solange nicht von anderen im Kongo tätigen Holzunternehmen ebenfalls verlangt würde, dass sie einen größeren Teil der abgeholzten Bäume weiterverarbeiteten und exportierten. Trotzdem plane sein Unternehmen im Interesse der Umwelt, diese Technologie im Laufe der nächsten drei Jahre zu nutzen. Doch wie sollen sie das unter Wettbewerbsbedingungen schaffen?

Ich musste nicht lange warten, um zu erfahren, was mit den 65 % des Sapeli geschah. Unsere Gruppe wurde an einen anderen Platz gebracht, an dem vietnamesische Arbeiter mit den Überresten des Baumes einen Brennofen befeuerten, in dem Ziegelsteine gebrannt wurden. Diese Ziegelsteine würden in der Nähe zum Bau von Häusern für die Arbeiter des Holzunternehmens verwendet. Die Einheimischen nahmen den Rest des Holzes und stellten Holzkohle daraus her, die vor Ort und in weiter entfernten Dörfern und Städten zum Heizen verwendet wurde. Dichter Rauch und Asche überzogen das Gelände. Ich spürte es im Hals und in den Augen.

Was ich an jenem Tag sah, fühlte sich auf vielen Ebenen wie eine Wunde an. Am stärksten traf mich die Verschwendung bei der Verarbeitung des 200 Jahre alten Sapeli. Anstatt den Baum zum Anheizen des Brennofens zu verwenden, hätte das Holzunternehmen die Häuser seiner Arbeiter direkt aus Holz bauen können. Die Einheimischen verwendeten keine Ziegelsteine zum Hausbau, und sie besaßen auch gar nicht das Wissen oder die Technik zur Herstellung von Ziegelsteinen. Vielmehr mussten Arbeiter aus dem Ausland in den Kongo kommen, um diese Arbeit zu verrichten. Natürlich kann man auch ohne Ziegelsteine ein Haus bauen. Aber Häuser aus Ziegelsteinen werden in vielen Teilen Afrikas für modern und fortschrittlich gehalten und deshalb sind sie begehrt. (Die meisten Menschen in Afrika wissen nicht, dass es auch in den entwickelten Ländern jahrhundertealte Holzhäuser gibt.) Das Unternehmen hatte offensichtlich der öffentlichen Meinung nachgegeben und beschlossen, dass seine Arbeiter nicht in Holzhäusern wohnen sollten oder in Häusern, die aus traditionelleren Materialien wie Lehm und Stroh gebaut waren. Sie bauten Häuser aus Ziegelsteinen, selbst wenn sie dafür Experten aus Vietnam holen mussten.

Eine weitere bittere Ironie lag auch darin, dass der Brennofen, nachdem er den Sapeli verschluckt hatte, Kohlendioxid in die Luft blies – eines der Gase, die in hohem Maße für die Erderwärmung verantwortlich sind, die durch einen intakten Kongo-Wald verlangsamt werden könnte. Doch die Holzfirma hatte ein Konzept geschaffen, in dem es als effektiv und allgemein üblich angesehen wurde, dass der größere Teil des Holzes eines alten Baumes als Kleinholz und Holzkohle genutzt wurde. Ich fragte mich, welcher Teil des Kongo-Waldes wohl noch zu Holzkohle und Asche werden würde.

Als die Überreste des zuvor lebendigen, kräftigen Baumes in verbranntes, totes Material verwandelt wurden, schien mir der Rauch zusammen mit der roten Glut im Brennofen als eine mehr als zutreffende Metapher für die Hölle – nicht nur deshalb, weil Rauch, Ruß und rote Flammen die gängigen Motive sind, die in der christlichen Tradition mit der Hölle in Verbindung gebracht werden. Es war die Hölle wegen der Umweltzerstörung, der Armut und der verzweifelten Suche nach Ressourcen, die mit dem Verbrennen von Holzkohle einhergehen. Es war die Hölle wegen der Entmenschlichung, wenn Menschen im Schlamm nach Reichtümern suchen, wenn sie in Gruben und Bergwerken oder durch quecksilberverseuchte Flüsse krank werden. Es war die Hölle, weil das Verbrennen von Holz zur Herstellung von Holzkohle eine Methode der Energiegewinnung darstellt, die es noch wahrscheinlicher macht, dass Verzweiflung und Entwürdigung wachsen, wenn das Holz knapper wird, das Klima trockener und die Wüstenbildung voranschreitet, wenn die Atmosphäre und die Wasserquellen verseucht oder ausgetrocknet sind und schließlich ganz verschwinden.

Dabei muss bemerkt werden, dass dieses Vorgehen das eines der verantwortungsbewussten Unternehmen war; eines, das die kulturellen und spirituellen Bräuche der im Wald lebenden Aka wahrnahm, das darauf achtete, dass beim Fällen der Bäume keine anderen beschädigt wurden, und das sich dazu verpflichtet hatte, den Wald dort, wo Bäume abgeholzt wurden, wiederaufzuforsten. Dieses Unternehmen tat das ihm Mögliche, um seinen Teil des Kongo-Waldes nachhaltig zu bewirtschaften.

Zudem bot das Unternehmen, und ebenso die Regierung, den Einheimischen Arbeitsplätze und ein Einkommen. Es engagierte sich in einer entlegenen Region des Landes und in einer Gegend, die durch politische Instabilität, große Armut und den Mangel an wirtschaftlichen Chancen gekennzeichnet war. Das Unternehmen war sich außerdem im Klaren darüber, dass ausländische Holzfirmen entweder schon in dieser Region tätig waren oder nur darauf warteten, seinen Platz einzunehmen, falls es sich zurückziehen sollte. Es gibt durchaus Unternehmen, die weniger Bedenken haben und mehr Zerstörung anrichten als dieses.

Als der Vertreter des Unternehmens zu mir sagte, dass es noch Millionen von Bäumen im Wald gäbe, hatte er Recht. Der Kongo-Wald ist riesig. Zweifellos wird irgendwann einmal ein anderer Baum dort wachsen, wo der gefällte gestanden hat. Doch hinter der Bemerkung unseres Gastgebers versteckte sich eine allzu verbreitete Ansicht: Es lassen sich immer noch mehr Bäume fällen, man kann mehr Land ausbeuten, mehr Fisch fangen, mehr Wasser aufstauen oder abpumpen und mehr Mineralienvorräte erkunden oder fördern. Genau diese Haltung gegenüber der Erde, die Annahme, dass ihre Kapazitäten unbegrenzt seien, und die Bewertung der natürlichen Ressourcen nach dem Gewinn, den man aus ihnen schlagen kann, ist verantwortlich für so viele der tiefen ökologischen Wunden überall auf der Welt.

Die Zerstörung der Umwelt wird durch eine unstillbare Gier nach mehr angetrieben. Dieses Verlangen scheint so alt wie die Menschheit zu sein, ebenso wie die Fähigkeit, die Lektionen der Vergangenheit zu vergessen und die Erfordernisse der Zukunft zu ignorieren. Eine Episode aus dem Alten Testament zeigt, dass Gott diejenigen vernichten wird, deren Appetit auf mehr sich nicht stillen lässt.

In Numeri 11 beschweren sich die Israeliten, die aus Ägypten in die Wüste geflohen sind, bei ihrem Anführer Mose darüber, dass sie nicht genug zu essen haben. Nun hat Gott die Israeliten allerdings bereits durch ein Wunder mit ausreichend Nahrung in Form von Manna versorgt. Doch sie verlangen nach mehr, und zwar vor allem nach dem Essen, das einst selbstverständlich für sie war. „Wer gibt uns Fleisch zu essen?", klagen sie. „Wir denken an die Fische zurück, die wir in Ägypten umsonst zu essen bekamen, an die Gurken und Melonen, an den Lauch, die Zwiebeln und den Knoblauch. Jetzt aber vertrocknet uns die Kehle, nichts ist mehr da, nichts als Manna bekommen wir zu sehen."

Diese Klage der Israeliten bringt Mose vor Gott, der sehr erbost ist, weil er sie in der Wüste doch mit großen Mengen von Manna versorgt hat. Trotzdem sagt er zu Mose, dass er seinem Volk Fleisch geben wird: „Nicht nur einen Tag, auch nicht nur zwei oder fünf oder zehn oder zwanzig Tage, nein, einen ganzen Monat lang!" Das allerdings hat seinen Preis. Das Fleisch, so Gott, wird es in großen Mengen geben, „bis ihr es nicht mehr riechen könnt und es euch davor ekelt! Dies deswegen, weil ihr den Herrn, der mitten unter euch weilt, missachtet habt."

Dann lässt Gott einen Wind aufkommen, der Wachteln vom Meer bringt und sie eine Tagesreise weit vom

Lager vom Himmel fallen lässt. Tag und Nacht sind die Israeliten dabei, so viele Wachteln wie möglich aufzusammeln und sie ins Lager zu schaffen, und sie gehen ein ums andere Mal: Sie können nicht genug bekommen und gehen, um *mehr* zu holen. Doch als sie zu essen beginnen und „noch Fleisch zwischen ihren Zähnen hatten und es noch nicht völlig aufgezehrt war, da entbrannte auch schon der Zorn des Herrn gegen das Volk, und der Herr schlug das Volk mit einer schweren Heimsuchung". Der Verfasser vermerkt den Ort, an dem die Toten begraben wurden; er wird „die Gräber der Gier" genannt (Numeri 11,33).

Dieser Text ist einer von vielen in der Hebräischen Bibel, in denen die Unfähigkeit der Israeliten hervorgehoben wird, auf Gott zu hören und seine Gebote zu befolgen. Es ist eine Geschichte vom Ungehorsam. Das Schicksal der Wachtelesser weist darauf hin, dass wir die Grenzen respektieren und nicht nach mehr verlangen sollten, als wir brauchen oder bewältigen können. Schließlich hat Gott die Israeliten mit der in ihrer Situation idealen Nahrung versorgt (so wie er es auch bei Adam und Eva im Garten Eden getan hat), und darüber hinaus hat er ihnen für die Ankunft im gelobten Land noch Milch und Honig versprochen, wenn sie auf sein Wort hören.

Wie an vielen anderen Stellen der Hebräischen Bibel, so wird auch hier deutlich: Wenn die Israeliten sich an die von Gott erlassenen Gesetze des Landes halten, dann wird das Land fruchtbar sein; wenn sie sich aber nicht daran halten und mehr nehmen, als Gott ihnen gestattet, dann wird das Land Dornen hervorbringen. In der Tat sind die

Bibel und viele andere Schriften voll von Hinweisen dazu, wie man das richtige, von Gott festgesetzte Verhältnis zur Nahrung, zum Land, zu den Tieren und zwischen den Menschen wahren kann.

Die „Gier", die bei der Ausbeutung der Umwelt eine Rolle spielt, ist ein Zeichen seelischer Verzweiflung und spiritueller Kraftlosigkeit. Sie veranschaulicht ein Bedürfnis, das darüber hinausgeht, seinen Bauch zu füllen oder den Durst zu stillen. Ich denke dabei an die Aka. Das Holzunternehmen im Kongo-Wald verfügte über Trecker, Lastwagen, Boote und über Kettensägen, die große Bäume in wenigen Minuten fällen konnten; diese Bäume hatten die Aka im Wald vielleicht jahrhundertelang ernährt. Sie wurden gefällt, um Holz zu liefern für Menschen in der Ferne. Deren Geschmäcker und Vorlieben waren so übermächtig geworden, dass sie Möglichkeiten fanden, den dichten Wald zu durchdringen und diese Ressourcen fortzuschaffen. Für die Einheimischen war der Wald nicht mehr länger ein Segen, sondern eher ein Fluch. Ihre kommenden Generationen werden vielleicht nicht mehr in der Lage sein, dem Lauf der Flüsse zu folgen, Früchte und Beeren zu sammeln, zu jagen und vom Wald zu leben – wenn wir es zulassen, dass er verschwindet.

Die Aka wurden von der *Quelle* mitten in den Wald gesetzt und mit genügend Wissen und Einfallsreichtum versehen, um Wurzeln, Beeren, Blätter und Wild zu essen zu finden. Die *Quelle* gab ihnen die Fähigkeit, einige Tiere zu domestizieren und auch einen lokalen Markt zu schaffen, auf dem sie Kleidung kaufen konnten. Die Aka bewegten sich durch den Kongo, und trotzdem stand der Wald noch;

jeder Baum ein Makrokosmos mit zahlreichen Ökosystemen, und jeder Baum ein Mikrokosmos des größeren Ökosystems um ihn herum, und jedes Ökosystem auch noch Teil des gesamten Kongobeckens.

Auf diese Weise gelang es den Aka und dem Wald jahrhundertelang, vielleicht sogar jahrtausendelang zu leben. Sie lebten ohne Geld und ohne die Möbel oder Bedarfsgüter, gegen die sie die natürlichen Ressourcen schließlich eintauschten. Sie hatten die Tiere auf nachhaltige Weise gejagt. Doch nun halfen sie, sie in großer Zahl zu töten, um den Markt für Buschfleisch[3] zu bedienen. Dieser Markt könnte die wilden Tiere bedrohen und gefährdete Arten – wie einige Primaten, deren Bestände sich nicht mehr erholen können – ausrotten.

Trotz der größeren wirtschaftlichen Aktivität, die sie umgab, konnte man spüren, wie *gierig* die Aka waren: Ein fast schon greifbares Gefühl davon, dass sie wussten, dass es mehr gab als das Gewohnte; man fühlte den Unmut unter diesen Menschen, die Angst, etwas zu verpassen. Ihre Kleidung und die Anzeichen des Mangels machten deutlich, dass es ihnen nicht gut ging und sie sich nicht selbst versorgten. Zwischen den unterschiedlichen Erkenntnisweisen und Weltanschauungen der involvierten Völker gab es eine ungeheure Kluft, die sich in großen Spannungen manifestierte. Wie kann man einen Ausgleich zwischen solchen Extremen schaffen, bei dem sowohl die Grundlagen dessen respektiert werden, was noch von der Lebensweise der Aka und ihrer Umwelt übrig ist, als auch das Verlangen der restlichen Welt nach dem anerkannt wird, was es in diesen Wäldern gibt? Man fragt sich, ob die Gier befriedigt sein wird, wenn die Bäume nicht mehr da sind. Was wird den Aka dann bleiben? Was wird dann noch von ihnen übrig sein und von dem, was sie sind?

Als Sonderbotschafterin des Ökosystems Kongobecken stehe ich vor der Herausforderung, den Graben zwischen diesen verschiedenen Typen der Gier zu überbrücken. Ich soll die internationalen Organisationen, die Regierungen, die Industrie, die Völker und auch die Aka dazu bewegen, den Wald auf ganzheitliche Weise zu betrachten. Die Aufgabe besteht darin, sicherzustellen, dass alle Interessengruppen den Wald nicht einfach als eine auszuplündernde Ressource ansehen. Stattdessen müssen sie genug Mitgefühl und Achtung entwickeln, um zu begreifen, dass nicht nur die Aka vom Wald abhängig sind, sondern Millionen von Menschen in den Ländern des gesamten Kongobeckens, in ganz Afrika und auf der ganzen Welt.

Während ich dies schreibe, geht die Diskussion darüber, wie man den enormen Grundbedürfnissen der Menschen in den Ländern des Kongobeckens gerecht werden und gleichzeitig dessen enorme Artenvielfalt erhalten kann, weiter. Die Entwicklungsprogramme, die von zahlreichen Ländern in der Region vereinbart wurden, fordern die Regierungen dazu auf, die Armut abzuschaffen und versprechen, sie dabei zu unterstützen. Doch natürlich werden viele dieser Länder gleichzeitig dazu ermutigt, ihre natürlichen Ressourcen auszubeuten – als Folge der unersättlichen Nachfrage und weil der Welthandel so funktioniert, oder als Bedingung zur Rückzahlung hoher Staatsschulden. Und so geht die Ausbeutung der Umwelt weiter. Das vorrangige Interesse gilt der Wirtschaftlichkeit und dem Geldwert, und deshalb haben die spirituellen

Werte in den Vorstandsetagen, in denen die Entscheidungen über die Abholzung der Wälder des Kongo getroffen werden, keinen Platz. Ohne diese Werte werden die Ressourcen nur als etwas gesehen, das sich profitabel ausbeuten lässt und dessen Wert in totem Zustand (als Decksplanken, für einen Whirlpool oder als Fußboden in den entwickelten Ländern) weit größer ist als im lebendigen Zustand, wo sie im Ökosystem Dienste leisten, die buchstäblich unbezahlbar sind.

Wenn diese spirituellen Werte bei den Diskussionen über den Wald eine Rolle spielen würden, dann würden die Ressourcen von allen Beteiligten – von den Unternehmen, den Politikern und den Kommunen – mit ganz anderem Blick wahrgenommen. Mit Hilfe dieser Werte würden wir eine gebührende Wertschätzung für das entwickeln, was diese Wälder nicht nur für die Aka leisten, sondern als „zweiter Lungenflügel" der Welt auch für die Regulierung des Klimas in Afrika, China, den USA, Europa und anderswo bedeuten. Dann wären wir dankbar und würden uns für den Schutz der Wälder einsetzen, und wir würden uns auch noch mehr bemühen, der Armut der Aka ein Ende zu setzen.

Viele Menschen wie die Aka, die in enger Beziehung zur Natur leben, haben sich das nicht ausgesucht; sie leben nun einmal eng verbunden mit der Erde und sind angewiesen auf deren Ressourcen. Dagegen leben viele Menschen in der industrialisierten Welt sehr naturfern. Auch wenn sie wohl im gleichen Maße von den natürlichen Ressourcen abhängig sind, so doch auf viel indirektere Weise. In materieller Hinsicht besitzen sie wohl alles – all das, was die Aka nicht besitzen –, doch in spiritueller Hinsicht fühlen sie sich immer noch leer. Sie suchen nach anderen Formen des Sinns oder nach anderen Wegen der Beziehung zur Welt. Manche reisen zu traditionell lebenden Völkern wie den Aka und suchen nach *deren* Wahrheit; andere finden einen Weg, auf dem auch sie wieder eine Beziehung zur Erde aufnehmen können, einfach indem sie in der Natur sind. Manchmal jedoch finden die Menschen aus den Industrieländern keine Antworten bei den indigenen Völkern. Denn Gemeinschaften wie die Aka haben ihre eigene Art der Beziehung zur Natur, die sich nicht notwendigerweise exportieren lässt. Auch wenn sie noch die Traditionen ihrer Ahnen praktizieren, so sind sie doch nicht unbedingt imstande, diese Welt denen zu erklären, die sich um das Verstehen und Zurückgewinnen der Welt, in der wir *alle* einst gelebt haben, bemühen.

Wie die Geschichte im Buch Numeri belegt, vergaßen die Israeliten über das Verlangen nach mehr die furchtbaren Erlebnisse in Ägypten, die Sklaverei und Gefangenschaft. Gleichzeitig kann dieses Verlangen selbst großes Leid erzeugen, indem es uns dazu verführt, die Vergangenheit gering zu schätzen und nicht an die Zukunft zu denken. Es erfordert gewaltige Disziplin, diese Gier zu beherrschen und „Nicht mehr, genug ist genug!“ zu sagen. So weit werden wir aber erst sein, wenn wir das Bewusstsein entwickeln, das für die Heilung der Erde nötig ist. Menschen mit diesem Bewusstsein sehen die Welt im rechten Licht. Sie schätzen Ausgleich und Einklang und sie können für sich eine Grenze setzen, die sie zur Befriedigung ihrer Gier nicht überschreiten werden. Die Leistung solcher Menschen bewundern wir, und ihr Handeln inspiriert uns.

In den Industrieländern, in denen die meisten Menschen in Städten wohnen, besteht die primäre Gier und damit die wichtigste ökologische Herausforderung im zu hohen Konsum. Die Wunden, die dieses Verhalten erzeugt, sind nicht so gut sichtbar, bis man beispielsweise eine Mülldeponie oder eine versmogte Stadt besucht oder einen verseuchten Fluss mit toten Fischen sieht. In den ärmeren Gegenden der Welt dagegen ist es die Not, eine Folge bleibender Ungleichheit, wegen derer die Menschen Raubbau an ihrer unmittelbaren Umwelt betreiben: Sie holzen Bäume ab und entfernen die Vegetation, sie bauen Feldfrüchte an Steilhängen oder in bewaldeten Gebieten an, was zu massiver Bodenerosion führt, oder sie lassen das Vieh das Land überweiden, was die Weiden beinahe zu Wüsten werden lässt.

Doch das war nicht immer so. Bevor die reichen Staaten so reich waren wie heute, war Sparsamkeit ein verbreiteter Wert. Alte Menschen ermahnten die jüngeren oft, nichts zu verschwenden, weder Brennstoff, Nahrung, materielle Güter noch ihr Potenzial. Die Kikuyu beispielsweise kannten viele Rituale und Bräuche, mit denen sie den Dank für den Reichtum ihrer Region und seine Beständigkeit zum Ausdruck brachten. Traditionell wurde immer ein kleiner Teil des ersten Ernteertrags an einen bestimmten Ort im Freien oder in ein Wäldchen gebracht, das außerhalb des Dorfes lag, meist an einer Wegkreuzung, die jeder kannte. Man nannte diesen Ort den „Getreidespeicher Gottes“ (*ikumbi ria Ngai*). Alle Bauern mussten einen Teil ihrer Ernte hier hinterlassen, als eine Art Zehnten für das Wild, für sehr arme Menschen oder für die, die wegen einer körperlichen oder geistigen Behinderung nicht fähig waren, ihre Nahrung selbst anzubauen oder zu ernten. Auf diese Weise gewährleistete die Gemeinschaft nicht nur, dass es genug zu essen gab, sondern auch, dass die weniger Begünstigten an Nahrungsmittel gelangen konnten, ebenso wie die Wildtiere. Das war ihre Art, zum Wohl der Gemeinschaft beizutragen.

In gleicher Weise war jedes Mitglied einer Großfamilie oder Gruppe, das mit Wohlstand etwa in Form von Land oder Vieh gesegnet war, nach alter Sitte verpflichtet, das Recht zum Bestellen des Ackers an ein weniger wohl habendes Mitglied der Gemeinschaft abzutreten, das dringend Land brauchte. Indem ein Bedürftiger dem Wohltäter seine Arbeitskraft zur Verfügung stellte, konnte er sich auch Vieh erarbeiten und es für kurze Zeit auf dem Land des Wohltäters weiden lassen, bis er selbst eigenes Land erwerben konnte. Fleiß und hartes Arbeiten wurden als Tugenden angesehen, und man unternahm alles in seiner Macht Stehende, um eigenständig und unabhängig zu werden. Den Wohltäter auszunutzen und seinen Aufenthalt zu lange auszudehnen galt als schlecht, und die Gemeinschaft übte Druck aus, damit alle auf verantwortungsvolle Weise ihren Lebensunterhalt verdienten.

Bei den Kikuyu gab es auch die Tradition der Gastfreundschaft, zu der es auch gehörte, dass niemand, der das Land der Kikuyu durchquerte, verhungern sollte. Die meisten Reisenden nahmen natürlich ausreichend Verpflegung für den Weg mit. Doch manchmal verschätzten sie sich mit der Zeit oder der Wegstrecke, oder sie kamen bei schlechtem Wetter oder bei Hochwasser vom Weg ab, und ihnen gingen die Vorräte aus. Vor diesem Hintergrund waren die Kikuyu der Ansicht, dass es Reisenden erlaubt sein sollte, Lebensmittel vom Feld zu essen, wenn sie Hunger hatten. Weil das Land so fruchtbar war, gab es auf den Feldern reichlich Zuckerrohr, Süßkartoffeln und Bananen (die im unreifen Zustand geröstet wurden, damit man sie essen konnte). Es war aber nur gestattet, soviel wie nötig zu essen. Reisende durften die Nahrungsmittel nicht mitnehmen; das hätte als habgierig gegolten und wäre als Zeichen mangelnder Dankbarkeit angesehen worden. Dieser Brauch hatte eine Reihe von Auswirkungen. Erstens wurde durch die Begrenzung auf das, was ein Reisender in einer bestimmten Zeit essen konnte, sichergestellt, dass das Land eines Einzelnen nicht komplett abgeerntet wurde. Zweitens konnten die Reste der Nahrung, die der Reisende nicht verzehrt hatte, von jemand anderem gegessen oder zum Füttern der Haustiere oder des Wilds verwendet werden. Diese beiden direkten Ziele enthielten eine eher indirekte, dritte Botschaft, die mit der Kultur zu tun hat: Niemand sollte so habgierig sein, die Großzügigkeit eines anderen auszunutzen. Auch diese Zurückhaltung galt als Tugend.

Was man vom Feld nahm, war nur das, was man brauchte, und nicht das, wonach es einen verlangte. Die Verschwendung wurde reduziert, und es wurde nur ein möglichst kleiner ökologischer Fußabdruck auf dem Land hinterlassen. So wurde auch für die Ernährungssicherheit gesorgt, an der es heute in so vielen ärmeren Teilen der Welt mangelt. Während die Eigenständigkeit ganz wesentlich war (jeder, der dazu in der Lage war, baute Nahrungsmittel an), hielt die Gemeinschaft den Wert hoch,

Reisende zu versorgen oder andere Menschen in Notzeiten zu unterstützen.

Bei den Kikuyu gab es keine spirituelle Verehrung von Tieren, abgesehen vielleicht von den Ziegen, die in verschiedenen Zeremonien geopfert wurden. Haustiere wurden nicht um jeden Preis geschützt. Der gelegentliche Verlust einer Ziege durch wilde Tiere wurde ebenso als Teil des natürlichen Kreislaufs des Lebens hingenommen wie das Risiko, dass Hyänen die Überreste von verstorbenen Mitgliedern der Gemeinschaft fraßen, die entweder in flachen Gräbern beigesetzt oder auch gar nicht begraben wurden. Die traditionellen Häuser der Kikuyu besaßen einen großen Innenbereich, in dem nachts vor allem die jungen und schwachen Ziegen oder Schafe bleiben durften. Das bot aber natürlich nicht nur den Tieren Schutz vor den Elementen und vor Angriffen durch Raubtiere, sondern wärmte auch das Haus und hielt es frei von Parasiten wie dem Sandfloh.

Weil die Kikuyu sehr eng mit ihren Tieren zusammenlebten, lernten sie auch ihre Eigenarten kennen und sorgten sich sehr um sie. Millionen von Kindern in ländlichen Gebieten in aller Welt tun immer noch das, was auch ich als Kind getan habe: Vor der Schule ging ich aufs Feld, um nach den Ziegen und Schafen meines Vaters zu sehen. Was das Töten ihrer Haustiere anging, so hatten die Kikuyu – wie viele traditionale Gemeinschaften und auch die Juden und Muslime mit dem rituellen Schächten – eine Reihe sozialer Tabus, die es zu einer schwerwiegenden und folgenreichen Handlung machten. Die Erlaubnis zur Tötung musste zunächst vom Schöpfer und den Ahnen eingeholt werden. Damit das Tier keine unnötigen Schmerzen erleiden musste, wurde dann zunächst die

Luftzufuhr und der Blutfluss zum Kopf unterbrochen, bevor das Messer angesetzt wurde.

Obwohl diese Traditionen noch im frühen 20. Jahrhundert existierten, starben sie doch rasch aus, nachdem das Christentums sich durchsetzte. Auch die neue, von den Kolonialbehörden eingeführte Geldwirtschaft wurde von den Einheimischen bald übernommen. Nach der Kolonialzeit behielten die Regierungen sie bei und ermunterten die Einheimischen, Produkte für den Export wie Kaffee, Tee und Mais anzubauen. Traditionelle Nahrung wurde herabgewertet und taugte angeblich nur noch für die armen und primitiven Menschen. Das hatte nicht nur zur Folge, dass es für die gelegentlich vorbeikommenden Reisenden keinen Proviant mehr gab. Die Bauern selbst hatten nun nicht mehr genügend nahrhafte Lebensmittel. Mit dem durch die Exportprodukte verdienten Geld kauften die einheimischen Afrikaner nun Lebensmittel, statt sie selbst anzubauen. Die traditionelle Ernährung war überwiegend vegetarisch und enthielt viel frisches Grüngemüse; unter anderem diverse Sorten von Bananen und Körner wie Sorghum- und Millethirse. Sie wich nun den importierten Nahrungsmitteln, die in den Industrieländern gegessen wurden. Diese Ernährungsweise war durch Fett und Zucker, Salz und industriell verarbeitete Lebensmittel geprägt. Natürlich rächte sich das bei den Einheimischen durch Krankheiten, die mit dem Essen und der Lebensweise zu tun hatten.

Die Ziegenhaltung und die Traditionen der Achtung vor und Dankbarkeit für die Tiere, die zur Erhaltung des Lebens der Menschen geopfert wurden, ließ man nun hinter sich. Während die Kikuyu traditionell nur an besonderen Tagen oder als Beigabe Fleisch gegessen hatten, so übernahmen sie mit dem wachsenden Wohlstand auch die Bräuche der Neuankömmlinge; sie versuchten, an jedem Tag Fleisch zu essen. Heute macht sogar die Tourismusindustrie dabei mit. Es gibt inzwischen viele der sehr beliebten „Fleischfresser"-Restaurants, in denen ursprünglich Wild serviert wurde. Diese Entwicklung führte zu einem immer größeren Verlangen nach „Buschfleisch", das auch die Einheimischen ergriff. Auch die Kikuyu begannen, sich nach solcher Kost zu sehnen.

Die Gier nach Buschfleisch hatte eine Zunahme der Wilderei zur Folge, weil der Wert des Fells, der Hörner und nun auch des Fleisches der Tiere in Geld bemessen werden. Das Land, auf dem diese Tiere frei umherstreifen konnten, wird verkauft, es wird eingezäunt und zu Privatbesitz. Ganz ähnlich wie die traditionalen menschlichen Gesellschaften mittlerweile auf ihre Reservate beschränkt sind, so sind auch die Wildtiere in immer weniger Parks und unberührten Gebieten eingesperrt.

Weltweit hat die unbändige Gier nach mehr sehr direkte Auswirkungen auf unsere Umwelt. Eine Studie der Welternährungsorganisation aus dem Jahr 2006 hat beispielsweise ergeben, dass der Tierhaltungssektor – mit der Herstellung und Vermarktung von Fleisch und Milchprodukten – für ungefähr 18 Prozent der weltweiten Emissionen von Treibhausgasen verantwortlich ist. Das ist mehr als die Gesamtsumme aller Verkehrsmittel und fast gleichauf mit der Freisetzung von Treibhausgasen durch die Abholzung und Zerstörung von Wäldern. Die intensive Viehhaltung und der enorme Bedarf an Futter für die Nutztiere verseucht auch die Luft, das Wasser und das

Land rund um den Globus, und sie zerstört Wälder und Weideland.

Die Wirtschaft und die Kultur vieler indigener Völker haben sich sehr verändert: Gab es zuvor eine gemeinsame Verantwortung für das Wohlergehen der Gemeinschaft auf der Grundlage von gemeinsam genutztem Raum und dem gemeinsamen Wohl, so ist an deren Stelle nun eine individualistische Ethik getreten, in deren Mittelpunkt das Ich steht. In der Vergangenheit konnte die Gemeinschaft darüber definiert werden, wie sie den Reichtum des Landes untereinander und mit Gästen teilte. Heute dagegen lebt sie ohne Richtung und Ziel und entfremdet vom Land und den Bräuchen, die sie physisch, ökologisch und ethisch am Leben erhalten haben.

Solche Veränderungen im Hinblick auf die Natur sind gleichzeitig Ursache und Wirkung des Verlusts der Selbstachtung und der Sorge um die Umwelt, um die es uns geht. Vieles von dem, was in den Werten begründet lag, ist verloren gegangen.

Warum legen wir Menschen beharrlich genau das in Schutt und Asche, was uns am Leben erhält? Diese Frage lässt sich vielleicht nicht beantworten. Dieses Handeln geht zurück auf Verhaltensweisen, die vielleicht angemessen waren, als wir noch nicht so viele waren. Wir konnten die Vegetation zerstören und dann weiterziehen, und die Auswirkungen auf die Umwelt blieben relativ begrenzt. Doch nun bedrohen solche Verhaltensweisen unsere Existenz. Auch wenn wir vielleicht nicht wissen, *warum* wir so handeln, ist es doch wichtig, dass wir die Haltungen betrachten, die zu dieser Selbstzerstörung geführt haben – bevor es zu spät ist.

Neben einem Bewusstseinswandel ist auch ein Wechsel der *Perspektive* notwendig. Wir müssen gründlicher über unsere Verantwortung für die Erde und füreinander nachdenken. Wir müssen einen Weg finden, um in Zukunft all diese Wunden zu heilen, indem wir die Schöpfung in ihrer ganzen Vielfalt, Schönheit und Wunderbarkeit einbeziehen. Um das zu tun, müssen wir einen anderen Blick auf unseren Planeten Erde werfen.

3. Perspektivwechsel

„ICH WARF GERADE einen Blick aus dem Fenster, als ich Dutzende Feuer sah“, berichtete Commander Eileen Collins, als sie mit ihrer Crew im August 2005 mit der *Discovery* zur Erde zurückgekehrt war. Sie leitete als erste Frau eine Space-Shuttle-Mission der Vereinigten Staaten. „So, wie sie brannten, sah es nicht natürlich aus. Die Feuer waren sehr ausgedehnt. … Unter anderem sah ich, dass es massive Brände in Zentralafrika gab.“

Was Collins den Reportern über ihren flüchtigen Blick aus dem Shuttle in über 300 Kilometer Höhe bei der Überquerung Afrikas samt des Kongobeckens schilderte, war aufschlussreich. „Wir sahen Abholzungen“, sagte sie über die Insel Madagaskar. „Die Flüsse und Ströme, die sonst blau-grau aussahen, waren nun braun durch die Erosion des Bodens, der in den Ozean geschwemmt wurde.“ Sie fügte hinzu: „Als Astronauten würden wir es uns wünschen, wenn die Menschen mit der Erde sorgsam umgehen und die verbrauchten Ressourcen ersetzen würden.“

Was Collins über Teilen Afrikas beobachtet hatte, war eine Wolke, die sich spontan aus Wüstensand und aus der Asche und dem Rauch der Feuer gebildet hatte, die Bauern zur Brandrodung und zur Herstellung von Holzkohle entzündet hatten. Zusätzlich bestand diese Wolke aus lockerer Erde, die vom Wind erfasst und fortgeweht wurde. Die Größe der Wolke machte unübersehbar deutlich, welche Zerstörung hier angerichtet wurde. „Ich weiß nicht, warum sie das tun“, sagte Collins.[4]

Mit „sie“ meinte Commander Collins die Afrikaner. Was sie sagte, empfand ich als schmerzliche Bestätigung, weil ich den Menschen genau das seit dreißig Jahren sage. Dabei trifft es mich besonders, dass überall in Afrika die grundlegenden, lebenserhaltenden Dinge stark geschädigt werden, und dass sich immer noch so viele Afrikaner nicht darüber im Klaren sind, wie ihr Tun ihr eigenes Überleben gefährdet. Zugleich werden diejenigen, die sich über die Abholzung, die Wüstenbildung, die Erosion des Ackerbodens und den Verlust der Artenvielfalt bewusst sind, entweder überhört, oder sie haben noch nicht den richtigen Weg gefunden, um einzelne Menschen oder die Regierungen zu hinreichenden Maßnahmen zu bewegen, um die von Commander Collins beobachteten Umweltschäden zu beheben. Wenn wir das täten, könnten wir dazu beitragen, das afrikanische und auch das weltweite Klima zu stabilisieren.

Die von Collins aus großer Höhe über der Erde beobachteten Rauchwolken sind ein großer Trauermantel, der über dem afrikanischen Kontinent hängt. Er lässt erahnen, was die Afrikaner in naher Zukunft erwartet, wenn wir diese rücksichtslose Umweltzerstörung nicht stoppen. Mir kam in den Sinn, was Gott Adam und Eva nach dem Sündenfall ins Gedächtnis gerufen hat: dass sie aus Staub geschaffen sind und wieder zu Staub werden sollen (Gen 3,19). Der Boden Afrikas verflüchtigt sich buchstäblich in die höhere Atmosphäre, oder er wird hinaus aufs Meer geweht. Er droht, alles Leben zu Asche und Staub zu verwandeln.

Als Commander Collins sagte, „Ich weiß nicht, warum sie das tun“, hätte sie diese Frage nicht nur den Afrikanern, sondern allen Bewohnern der Erde stellen können. Denn ihre Frage geht uns alle an: *Warum tun wir das? Und,* so würde ich hinzufügen, *wie lange wollen wir noch so weitermachen?*

Bevor wir uns der Untersuchung dieser Fragen zuwenden können, müssen wir einen Perspektivwechsel vornehmen. Als die Astronauten in den späten 1960er-Jahren die ersten Fotos von der Erde aus dem Weltraum machten, zeigten diese eine wunderschöne blaue Kugel, die in endloser Finsternis zu schweben schien. Seitdem hat uns eine Vielzahl ebenso atemberaubender Bilder von unserem Sonnensystem und von weiter entfernten Regionen einen flüchtigen Blick in die erstaunliche Weite des Alls ermöglicht – auf scheinbar zahllose Sterne und Planeten, Monde und Kometen, Sonnen, Nebelflecken, Polarlichter, Galaxien und andere Verbindungen von Materie und Gasen. Die Bilder belegen auch, dass unser Planet bis jetzt der einzige zu sein scheint, auf dem es Leben gibt.

Astronauten sind ausgebildete Wissenschaftler und Techniker und wegen der mit ihrer Mission verbundenen Gefahren und Schwierigkeiten sind sie zwangsläufig auch praktische und nüchtern denkende Menschen. Doch es überrascht nicht, dass bei einigen von ihnen durch die Möglichkeit, die Grenzen der Erdatmosphäre zu verlassen und den Planten als ganzen mit eigenen Augen zu sehen, ein spirituelles Bewusstsein geweckt oder frühere religiöse Überzeugungen verstärkt wurden. Trotz der modernsten Technik und den hochentwickelten und ausgeklügelten

Geräten, die sie benutzten – ganz zu schweigen von den Berechnungen der Astrophysiker, der Computerspezialisten und anderer Wissenschaftler, auf die sich sich stützten – empfanden Astronauten wie Commander Collins in den ungeheuren Weiten des Weltraums tiefe Demut angesichts dessen, was sich ihnen beim Blick aus dem Fenster bot. Mit ihrem Staunen erinnern sie uns daran, dass man sich wissenschaftlicher Methodik verpflichtet fühlen und gleichzeitig vom großen Geheimnis des Weltraums ergriffen sein kann.

James Irwin betrat als achter Mensch den Mond und wurde später Prediger. Über seinen Blick auf die Erde schrieb er: „Dieses wunderschöne, warme, lebendige Objekt sah so zerbrechlich aus und so zart, als ob es zerbröckeln und auseinanderfallen würde, wenn man es mit dem Finger berührte. Dieser Anblick verändert einen Menschen, lässt einen Menschen die Schöpfung Gottes und die Liebe Gottes verstehen." Edgar Mitchell war der sechste Mensch auf dem Mond und gründete später das Institute of Noetic Sciences. Er sagte: „Mein Blick auf unseren Planeten war ein kurzer Blick auf Gott", und er fügte hinzu: „Wir fuhren als Techniker zum Mond und kehrten als Menschenfreunde zurück."

Ähnlich bewegt war der bulgarische Kosmonaut Alexander Alexandrow: „Wir sind alle Kinder der Erde, und wir sollten sie wie unsere Mutter behandeln." Der deutsche Kosmonaut Sigmund Jähn, der an Bord der *Sojus 31* war, sagte: „Bereits vor meinem Flug wusste ich, dass unser Planet klein und verwundbar ist. Doch erst als ich ihn in seiner unsagbaren Schönheit und Zartheit aus dem Weltraum sah, wurde mir klar, dass es die wichtigste Aufgabe der Menschheit ist, ihn für zukünftige Generationen zu hüten und zu bewahren."[5]

Einige von den Wenigen, die die Erde aus dem All gesehen hatten, wunderten sich darüber, dass das Leben in all seiner außerordentlichen, fast verschwenderischen Vielfalt und nur geschützt und erhalten durch den dünnen blauen Schleier der Atmosphäre sich gerade auf diesem Planeten niedergelassen hat, und dass wir uns so weit entwickelt haben, dass wir ein Teil von ihr sind und sie zugleich von außen betrachten können.

Natürlich muss man den Planeten nicht verlassen, um über das sich entfaltende Universum zu staunen. Die beiden Geländefahrzeuge Spirit und Opportunity haben die Marsoberfläche erkundet. Im Rahmen der Kepler-Mission wird nach Planeten von der Größe der Erde gesucht. Das unlängst reparierte Weltraumteleskop Hubble durchsucht die entlegensten Winkel des Universums, und die Cassini-Sonde hat ungewöhnlich scharfe Bilder vom Jupiter und von den Ringen und den vielen Monden des Saturn geschickt. Da sich uns immer neue Welten enthüllen, ist es kaum verwunderlich, dass wir angesichts der Komplexität, der Schönheit und der Macht der Schöpfung beständig Ehrfurcht empfinden.

Die Aussagen von Commander Collins und anderen Astronauten belegen, dass uns die Dinge mit genügend Distanz als ein Gesamtsystem erscheinen. Im Hinblick auf unser Verhältnis zur Erde kann uns eine solche Perspektive tiefere Einblicke eröffnen und uns dazu zwingen, uns zu fragen, welche Haltung wir zu ihr einnehmen und wie wir auf ihr handeln. Im hektischen Alltagsgeschäft (wenn wir die Folgen für das Ganze nicht sehen) können wir die Bedeutung dieser Fragen manchmal kaum ermessen.

Dieser Perspektivwechsel muss nicht im Weltraum stattfinden. Sieht man sich die Wolken vom Boden aus an, erscheinen sie vielleicht fest und kompakt. Wenn ich aber im Flugzeug sitze und wir gerade durch die Wolken fliegen, werde ich daran erinnert, dass sie nur aus Dunst bestehen. Sie können uns nicht festhalten. Das Fliegen gibt mir auch die Möglichkeit, die Erde von oben zu sehen, und dieser Blickwinkel ruft mir oft ins Gedächtnis, wie zerbrechlich sie ist. Beim Landeanflug über Nairobi etwa fliegen die Flugzeuge über den Nairobi National Park, der in der Nähe der Stadtmitte liegt. Aus der Luft konnte ich sehen, wie im Laufe der Jahre die Anzahl der Wildtiere im Park zurückgegangen ist und wie das Land und der Lebensraum Schaden genommen haben. Ich sah, wie Vieh auf der Suche nach Weideland illegal in den Park getrieben wurde, wenn der Regen ausgeblieben war. Außerhalb des Parks kann ich Ringe aus verdorrtem Gras erkennen und Flecken von Land, die von Wüstenbildung bedroht sind.

Als ich auf dem Weg zur Begutachtung der Holzfällerei in der Republik Kongo über die enorme Weite voller Bäume flog (und als ich flussaufwärts reiste, zwischen dichtem Wald an beiden Ufern), da empfand ich Ehrfurcht angesichts der schieren Größe des Gebietes, das zu schützten und zu überwachen war. Gleichzeitig war mir sehr wohl bewusst, wie verletzlich solche Lebensräume sind und dass der Wald nicht für sich selbst sprechen kann. Wie Eileen Collins konnte ich aus dem Flugzeugfenster den Rauch der Feuer sehen, die aus den Baumkronen herausschlugen, und auch die Straßen der Holzfäller, die den grünen Wald wie braune Narben kreuz und quer durchzogen. In der Luft zu sein hilft mir, die vor uns liegenden Herausforderungen – das Gesamtbild – auf eine Weise zu erkennen, in der ich sie vom Boden aus nicht immer sehen kann.

Eine andere Perspektive vergessen wir gerne, weil sie – wie der Blick aus dem Weltraum – während eines Großteils der Menschheitsgeschichte nicht möglich gewesen ist: den Blick über lange Zeiträume. Die gleichen Teleskope und anderen Gerätschaften, die von Wissenschaftlern zur Beobachtung von Himmelskörpern und zum Auskundschaften möglicherweise bewohnbarer Planeten verwendet wurden, fangen auch das Licht aus den entferntesten Winkeln des Universums ein und ermöglichen es uns auf diese Weise, einen Blick auf die Ursprünge des Alls zu erhaschen.

So schwer es dem Geist – und, noch wichtiger, der Vorstellungskraft – fällt, sich die Erde (wie in James Lovelocks Gaia-Hypothese) als einen autarken Organismus zu denken, so sehr übersteigt es die menschlichen Möglichkeiten, sich Raum und Zeit in dieser Weise vorzustellen. Einerseits müssen wir uns dabei die Hypothese zu eigen machen, dass das gesamte Universum und alle vier Dimensionen ganz zu Beginn der Schöpfung in einer Masse von unvorstellbarer Dichte enthalten waren. Irgendwann, jenseits von Zeit und Raum, kam es durch eine Reihe chemischer Reaktionen in einem winzigen Bruchteil einer Sekunde zu einer Explosion, dem sogenannten Urknall.

Auf der anderen Seite stehen wir vor der nicht minder erstaunlichen Berechnung, dass der Kosmos seit ungefähr vierzehn Milliarden Jahren existiert und sich währenddessen immer weiter ausgedehnt hat, bis er jetzt einen Durchmesser von schätzungsweise 156 Millionen Lichtjahren erreicht hat. Die Stringtheorie überbietet diese schwindelerregenden Zahlen noch. Ihr zufolge existiert möglicherweise eine Vielzahl paralleler Dimensionen von Zeit und Raum inmitten mutmaßlicher Millionen von Galaxien und Milliarden von Sonnensystemen, Sternen und Planeten.

Doch auch wenn wir uns nun wieder der Erde zuwenden – die nach derzeitigen wissenschaftlichen Schätzungen vor etwa vier Milliarden Jahren entstanden ist –, sind wir mit Zeiträumen konfrontiert, die unser Gefühl für das Verstreichen der Zeit übersteigen. Werfen wir einen Blick auf die Abschnitte des Mesozoikums, die als Jura und Kreidezeit bezeichnet werden und die wir als die Zeit der Dinosaurier kennen. Mit dem Wort „Dinosaurier“ wird häufig etwas Antiquiertes und Überholtes und damit etwas Gescheitertes bezeichnet. Doch Jura und Kreidezeit haben etwa 130 Millionen Jahre gedauert. Sie wurden erst durch eine Katastrophe beendet, durch die sich die Sonne verdunkelte und der Planet so rasch abkühlte, dass unzählige Pflanzen- und Tierarten ausstarben. Aus den Lebewesen, die dies überlebt haben, entwickelten sich vor nur fünfzehn Millionen Jahren die Hominiden, auf die etwa elf Millionen Jahre später die ersten Menschen folgten. Die Knochen, die Louis und Mary Leakey in der Olduvai-Schlucht im heutigen Tansania entdeckt haben, sind nur zweihunderttausend Jahre alt, und menschliche Siedlungen lassen sich nur bis zur Einführung der Landwirtschaft etwa zehntausend Jahre vor unserer Zeitrechnung belegen.

Ich weiß, welcher Wert im Sammeln von Daten und der Anwendung von Ordnungsprinzipien und Theorien liegt, mit deren Hilfe diese Daten verstanden und die Ergebnisse danach einer empirischen Überprüfung unterzogen werden können. Dabei lässt uns der weite Blick, den wir mit Hilfe moderner wissenschaftlicher Geräte und durch die Archäologie und Paläontologie in vertikaler, räumlicher sowie in horizontaler, zeitlicher Richtung ansatzweise werfen können, nur noch mehr staunen und noch mehr wundern: Über die Fülle des Lebens, das es gibt, und über die enorme Verantwortung, die wir Menschen tragen – indem wir es nicht nur verstehen, sondern auch nach Kräften schützen.

Die heiligen Schriften dieser Welt versuchen, diese Erhabenheit in ihren Ursprungsmythen und in ihrer Sicht auf die Welt zu erfassen. Dabei werden die verschiedenen Zeitachsen nicht nur von Wissenschaftlern oder Astronauten wahrgenommen oder von den Kulturen, die ihre Erzählungen in Schriftform hinterlassen haben. Auch die Ältesten, die Hüter der Weisheit und diejenigen, welche die Traditionen ihrer Völker viele Jahrhunderte lang weitergaben, wussten um das große Ganze und um langfristige Sichtweisen. Aber im Rausch des wissenschaftlichen Materialismus ist vieles von dem hinweggefegt worden, was wir ursprünglich von der Umwelt und unserem Ort in ihr „wussten". Dadurch sind uns womöglich die ursprüngliche Erhabenheit und die Ehrfurcht abhanden gekommen, die man für die Natur empfand, und auch die Art und Weise, in der unsere Vorfahren inmitten der Natur lebten. Was der Verlust dieser Sichtweise kostet, steht uns nur allzu deutlich vor Augen.

So sehe ich beispielsweise bei meinen Reisen in vielen Teilen Kenias ein geschundenes Land, dessen Boden geschwächt ist. Es gibt nur noch wenige einheimische Bäume oder Nutzpflanzen. An ihrer Stelle dominieren Pflanzen, die dort nicht heimisch sind, und Hügel und Berghänge sind von Pflanzen wie den Tee- und Kaffeebüschen bedeckt, deren Ertrag für den Export bestimmt ist. Die jüngeren Menschen allerdings nehmen diese Hänge wegen der Kaffee- und Teebüsche als üppiges Grün wahr. Sie haben sich mit der Tatsache abgefunden, dass die Flüsse zu wenig Wasser führen, weil das so ist, seit sie denken können. Für künftige Generationen wird es normal sein, dass die Gletscher des Mount Kenia und der Schnee auf dem Kilimandscharo wegen des trockeneren und wärmeren Klimas verschwunden sind, dass es statt der Wälder nun Savannen gibt, statt des Weidelands Buschland und statt des Buschlands Wüsten.

In den letzten Jahren ist Kenia wiederholt von Dürren heimgesucht worden, die vermutlich auf die Erderwärmung und den Verlust der Wälder und der Vegetation zurückgehen. Flüsse trocknen aus, es gibt Missernten, das Vieh und die Wildtiere sterben, Wasserkraft-Anlagen fallen aus, die Menschen hungern, und manche sterben sogar. Während der Krise ist genug Kraft da, um etwas zur Vermeidung zukünftiger verheerender Dürren zu unternehmen. Doch sobald es wieder regnet, hat es den Anschein, als ob es nie eine Dürre gegeben hätte. Wir sind wie die Warzenschweine: Wenn sie in Gefahr sind, weil ein Wildhund sie verfolgt, rennen sie schnell weg. Sobald sie aber merken, dass der Hund die Jagd aufgegeben hat, bleiben die Warzenschweine stehen und fressen weiter, als ob nichts geschehen wäre und der Wildhund sie nie wieder jagen würde. Sie vergessen, dass der Hund vielleicht einfach die Richtung wechselt und sich ihnen von der anderen Seite nähert. Die Warzenschweine vergessen ihre gerade gemachten Erfahrungen sehr schnell – sehr zu ihrem Nachteil.

In ähnlicher Weise reagieren wir nur auf die Krisen und nicht auf ihre Ursachen, und wir wiegen uns gerne in falscher Sicherheit. Viele Menschen in Kenia haben Luftaufnahmen von den vertrockneten und dürren Teilen des Landes gesehen, und sie können nicht glauben, dass dies ihr Land ist. Doch was in diesen verdorrten Wüsten jahrhundertelang passiert ist, passiert auch jetzt in ihrem eigenen Land. Sie haben Augen, doch sie scheinen es nicht zu sehen.

Die Auswirkungen dieser Blindheit zeigen sich unmittelbar, und sie können tödlich sein. In den letzten Jahren waren der Tschad und der Sudan in Kämpfe um Land verwickelt. Während die Soldaten kämpften, eroberte die Sahara genau das Gebiet, um das es ihnen ging. Ich war während der Regenzeit im Tschad, und obwohl überall Hochwasser war, waren die Felder verdorrt, und es gab Missernten. Wie überall in Afrika ist der Regen auch in dieser semiariden Region kostbar. Ich konnte allerdings kaum Bemühungen erkennen, das Regenwasser aufzufangen oder auf den Feldern Terrassen anzulegen, um die Bodenerosion zu stoppen. Wäre man klug, würde man sagen: „Hört auf zu kämpfen! Geht gemeinsam mit allen euch zur Verfügung stehenden Mitteln gegen die Wüstenbildung vor: Gewinnt das Land zurück und erobert es aus den

Klauen eines größeren und unsichtbaren Feindes zurück." Doch wegen ihres begrenzten Horizonts führen die Anführer und das Volk weiter Krieg und zerstören das Wenige, das sie haben.

Ähnlich ist es in der Turkana-Region im äußersten Norden Kenias, an der Grenze zum Sudan, zu Uganda und zu Äthiopien, wo Dürren mittlerweile beunruhigend häufig auftreten.[6] Hier führt das Gefühl der Machtlosigkeit bei vielen der einheimischen Turkana- und Samburu-Viehhirten dazu, dass sie die Dürre, das darauffolgende Sterben der Haustiere und ihren eigenen Hunger und Durst als höhere Gewalt ansehen. Dabei wäre eine völlig andere Sichtweise nötig: die Einsicht und ein stärkeres Bewusstsein dafür, dass ihre Lebensumstände zumindest teilweise die Folge ihres eigenen Handelns sind. Während der ersten Dürre berichtete die kenianische Presse, dass die Menschen in Turkana zum Überleben „nur noch" Wildfrüchte und Viehkadaver äßen. Mir schien die Tatsache, dass die einheimischen Wildfrüchte die Dürre überlebt hatten, sehr gut zu zeigen, warum wir die einheimische Artenvielfalt bewahren sollten: Alles war vertrocknet, außer eben diesen Wildfrüchten. Die Turkana und Samburu hätten die Baumarten, die diese Früchte lieferten und selbst in solcher Trockenheit etwas Essbares hervorbrachten, pflanzen oder pflegen sollen. Die Früchte dieser Bäume erinnerten mich daran, wie Gott das Volk Israel in der Wüste mit Manna versorgte – mit einem Nahrungsmittel, das zu den harten Lebensumständen passte.

So sehr wir die langfristigen Perspektiven und den weiteren Horizont brauchen, um das Gesamtbild erkennen und auf diese Weise zu vernünftigen Lösungen und soliden Verfahren für den notwendigen Wandel kommen zu können, so wichtig ist es doch auch, dass wir auf das Kleine achtgeben. Es stimmt, dass das Abbrechen großer Eisplatten in der Arktis und die Schwierigkeiten der Eisbären, zwischen kleiner werdenden Eisschollen ausreichend Seehunde und Fische zu jagen, eindrucksvolle Illustrationen der Erderwärmung sind. Ebenso schockierend sind aber auch das Verschwinden und die zunehmenden Missbildungen kleinerer Tiere wie zum Beispiel einiger Amphibien, die auf die zunehmende Verbreitung und Virulenz von Krankheiten oder auf die Zerstörung von Lebensräumen und ungeeignete Bruttemperaturen zurückgeführt werden können.

Nach Einschätzung eines Wissenschaftlers ist etwa ein Drittel der mindestens sechstausend Froscharten vom Aussterben bedroht.[7] Diese Lebewesen stellen womöglich ein noch unbekanntes Bindeglied in der Nahrungskette eines bestimmten Ökosystems dar und wir wissen nicht, welche Folgen ihr Verschwinden haben kann. Wenn wir das Kleine und seine Vernetzungen näher betrachten, dann erkennen wir, dass die Erde nicht nur ein riesiges und komplexes Geflecht von Ökosystemen, Wetterbedingungen, Meeresströmungen, tektonischen Plattenverschiebungen und dergleichen mehr ist. Sie ist auch ein unendlich feines und komplexes Netz von Lebensräumen, die voll von Mikroorganismen, Bakterien, Insekten, Pflanzen und anderen Lebensformen sind. Diese bilden wiederum die Grundlage der größeren Ökosysteme, von denen

Vögel, Fledermäuse und größere Arten mit einem höheren Verbrauch, wie wir selbst, abhängig sind.

Die Bibel versteht, wie wichtig es ist, das Kleine anzuerkennen. Jesus fordert seine Jünger dazu auf, die Schlichtheit und Schönheit der Lilien auf dem Feld zu betrachten (Matthäus 6,28) und er weist sie darauf hin, dass sich Gott um die Spatzen kümmert (Matthäus 10,29). In der Hebräischen Bibel besteht die Weisheit von König Salomo unter anderem darin, dass er gründliche Kenntnisse von Bäumen besitzt – von den Zedern des Libanon, über den Ysop (einen Strauch, der früher im Nahen Osten zu medizinischen Zwecken verwendet wurde), der in Spalten im Mauerwerk lebt (1 Könige 4,33). Dabei fällt nicht nur auf, dass zu Salomos Weisheit die Wahrnehmung von Einzelheiten in der Natur genauso wie im menschlichen Herzen mit seinen Regungen gehört, sondern auch, dass er vom Ysop Notiz nimmt, der ebenso seinen Platz im Ökosystem hat wie die Zeder.

Es ist unbedingt notwendig, sowohl dem Kleinen als auch dem Großen Beachtung zu schenken. Dazu gehört, dass wir uns des Ursprungs der Dinge gewahr werden. Meist denken wir nicht daran, dass die Dinge des täglichen Gebrauchs wie ein Telefon oder ein Stuhl aus einer Gegend kommen, die für unsere Umwelt von Bedeutung sein kann. Auch wenn der fragliche Gegenstand klein ist und seine Wirkung augenscheinlich positiv, so kann er doch das Glied in einer größeren Kette von bedeutender Tragweite sein. Der von uns gekaufte, wunderschön gearbeitete Stuhl ist vielleicht aus Sapeli, Mahagoni, Teak oder aus einem anderen tropischen Hartholz, das Tausende von Kilometern entfernt geschlagen wurde und das von einem Baum stammt, der als Lebensraum gefährdeter Arten von unschätzbarem Wert war und dessen Verlust unersetzlich ist, weil der Standort nicht mehr über Altholzbestände verfügt. Das Palmöl in unserer Seife oder unserer Würzsauce kommt vielleicht von einer Plantage, die den Wald, die Wildtiere und die im Wald lebenden Völker verdrängt hat.

Wenn wir zum Laden an der Ecke gehen und einen Strauß Rosen als Schmuck für unseren Küchentisch kaufen, dann denken wir vielleicht, dass dies wenigstens ein ökologisch neutraler und auch ästhetisch aufwertender Hauch von Farbe für unser Heim ist. Doch diese Rosen sind möglicherweise unter großem Verbrauch fossiler Brennstoffe mit einem Flugzeug von einer Blumenfarm in Kenia eingeflogen worden. Dort wurde vielleicht das Wasser eines Sees, in dem die Einheimischen hätten fischen oder das sie hätten trinken können (oder in dem die Wildtiere hätten schwimmen oder sich fortpflanzen können), zur Aufzucht der Blumen zweckentfremdet. Das Schwinden des Sees könnte auch die Wildtiere und die Tourismusindustrie gefährden, von der das Dorf ebenfalls abhängig ist.

Zum Wahrnehmen des Kleinen und seiner Verbundenheit gehört es eben auch dazu, einzelne Notlagen zu bemerken sowie die Kettenreaktionen, die durch sie ausgelöst werden können. Während einer Dürre jüngst in Kenia sank der Wasserspiegel des Naivashasees, eines Zentrums der Blumenzucht, dramatisch. Trotzdem wurde Wasser aus dem See in die Gewächshäuser gepumpt. Das Green Belt Movement protestierte vergeblich gegen diese

Verwendung des Wassers. Eine der traurigen Folgen war, dass mehrere Nilpferde, die im See lebten und an Land weideten, nachts im Schlamm stecken blieben – sie starben an Hunger oder Durst, bevor sie sich befreien konnten. Es war furchtbar, wie die Tiere hilflos im Schlamm des ausgetrockneten Sees verendeten, und ich war zutiefst erschüttert.

Natürlich hat der Handel für die Entwicklungsländer eine ebenso große Bedeutung wie für die Industrieländer. Darum ist es wichtig, dass wir die Fair-Trade-Bewegung unterstützen und uns als Konsumenten darüber informieren, woher die Produkte stammen, wie sie hergestellt werden und wie die dortigen Arbeitsbedingungen aussehen. In Zukunft könnte Fair Trade für ganze Gesellschaften zur normalen Art des Handels werden, statt nur der Nischenmarkt zu sein, der er heute ist. Bis dahin allerdings haben wir die Möglichkeit, uns durch die Aufmerksamkeit für das Kleine bewusster zu entscheiden und so besser in der Lage zu sein, etwas spürbar zum Positiven zu verändern.

Die heiligen Schriften erinnern uns sehr anschaulich daran, wie klein wir sind und wie sehr wir uns in die uns umgebenden Ökosysteme integrieren müssen. Der Name des ersten Menschen in der Bibel, Adam, ist von *Adamah* abgeleitet, dem hebräischen Wort für Erdboden. Aus Adam erschafft Gott *Chava*, wie Eva auf hebräisch heißt und was Leben bedeutet. Wenn ich nach der Schöpfungsgeschichte der Genesis gefragt werde, dann erwähne ich stets, wie Gott sich in seiner unendlichen Weisheit bis zum Freitag mit der Erschaffung der Menschen Zeit gelassen hat und sich dann am Sonnabend (dem Sabbat) ausruhte. Wenn wir schon am Montag das Licht der Welt erblickt hätten, dann wären wir bereits am Dienstag tot gewesen, weil es nichts gab, von dem wir hätten leben können!

Der oder die Verfasser der Schöpfungsgeschichte haben erkannt, dass wir die Krone der Schöpfung sind und zugleich ihr am stärksten abhängiges Lebewesen. Wir konnten *erst dann* geschaffen werden, als alles andere – Sonne und Mond, Erde und Land und Luft sowie die ganze Flora und Fauna – bereits voneinander unterschieden oder hervorgebracht worden war. Gott konnte die Menschen erst erschaffen, als es Bäume gab, um das Kohlendioxid aus der Luft aufzunehmen und es durch Sauerstoff zu ersetzen und danach die Zusammensetzung der Luft so auszubalancieren, dass nicht der ganze Planet in Flammen aufging. Er war sich darüber im Klaren, dass wir bereits vorhandene Samen bräuchten, um etwas zu essen zu haben. Es ist ein ernüchternder Gedanke, das im Fall der Auslöschung der menschlichen Rasse meines Wissens keine andere Spezies mit aussterben würde, weil es uns nicht mehr gäbe, um sie am Leben zu erhalten. Doch wenn einige der anderen Spezies nicht mehr existieren würden, dann würden auch die Menschen aussterben. Das sollte uns darin bestärken, Achtung gegenüber den anderen Lebensformen, ja sogar gegenüber der gesamten Schöpfung zu haben. Wir sollten uns dankbar zeigen dafür, dass sie uns am Leben erhalten.

Wir Menschen nehmen eine doppelte Position in der Schöpfung ein: Wir sind verantwortlich, weil wir am abhängigsten sind, und wir sind die Krone der Schöpfung, weil wir am verwundbarsten sind. Dies spiegelt sich auch in den scheinbar widersprüchlichen Botschaften in den beiden Erzählungen von der Erschaffung Adams und Evas (Genesis 1,26–30; 2,7–24). Im zweiten Text sagt Gott zu Adam, dieser solle den Garten bebauen und bewahren; im ersten Text wird er angewiesen, über die Erde zu herrschen und sie sich untertan zu machen. Es ist viel darüber geschrieben worden, was in der Bibel unter dem Konzept der „Herrschaft" verstanden wird. Unter den Theologen zeichnet sich ein Konsens darüber ab, dass die ursprüngliche Bedeutung von „Herrschaft" zutreffender mit „Verwalten" oder „Haushalterschaft" übersetzt werden sollte. Wir Menschen haben keinen Freibrief, die Natur ungeachtet der Folgen unseres Tuns auszubeuten.

Unglücklicherweise war es für die Menschen zu einfach, Herrschaft als absolute Kontrolle über die Natur und als Rechtfertigung für deren uneingeschränkte Ausbeutung aufzufassen. Nirgendwo sonst hat sich die Tragödie dieses negativen Herrschaftskonzeptes als so problematisch erwiesen wie in den Gebieten vieler traditionaler Gemeinschaften, die mit dem expansiven Kolonialismus in Berührung kamen. Einerseits lernten sie neue Anbaumethoden kennen, neue Pflanzensorten mit gesteigerten Erträgen und Maschinen, die die landwirtschaftlichen Arbeiten erleichterten. Auf der anderen Seite allerdings wurde das alte Wissen zurückgedrängt, das ihnen das Überleben unter schwierigen Bedingungen ermöglicht hatte, und sie wurden von ihrem eigenen Land vertrieben und konnten nicht mehr über sich selbst bestimmen. In vielen traditionalen Gemeinschaften hat dies dazu geführt, dass gleichzeitig Fortschritt und Rückschritt zu verzeichnen waren. Die Industrieländer bemühen sich noch immer um eine weitere Expansion ihrer Märkte. Gleichzeitig versuchen sie inzwischen, das Wissen der traditionalen Gemeinschaften zurückzugewinnen – welches durch immer neue Patente quasi geraubt wird und so Gefahr läuft, für die Gemeinschaften, die es einst frei nutzen konnten, für immer verloren zu gehen.

Die Geschichten der Genesis erzählen, welche Beziehung sich Gott zwischen den Menschen und der Schöpfung wünscht. Gottes ursprüngliche Vision, die im Garten Eden verbildlicht ist, besteht darin, dass die Menschen harmonisch mit der Natur zusammenleben. Doch wegen der Ursünde – die darin besteht, dass Adam und Eva beschließen, aus der Fülle an Früchten im Garten ausgerechnet die verbotene Frucht zu essen – werden sie verflucht und damit auch alle Menschen nach ihnen. Es ist verblüffend, wie genau hier ökologische Folgen beschrieben werden: „Wegen dir ist der Erdboden verflucht", sagt Gott. „Unter Mühsal sollst du dich von ihm ernähren alle Tage deines Lebens; Dornen und Disteln soll er dir wachsen lassen; und du sollst die Pflanzen des Feldes essen. Im Schweiße deines Angesichts sollst du dein Brot essen, bis du zum Erdboden zurückkehrst, von dem du genommen bist" (Gen 3,17–18).

Indem die unterschiedlichen Konzeptionen von Herrschaft und Schutz in der Hebräischen Bibel nebeneinander gestellt sind, geben die Verfasser uns Menschen zu verstehen, dass wir uns frei entscheiden können, ob wir zerstören oder hegen wollen, schützen oder beherrschen, ob wir als Herrscher handeln wollen oder als Bewahrer und

Verwalter. Wir tragen die Konsequenzen. Es scheint mir, dass das Rätsel unserer doppelten Identität als Krone und verletzlichster Teil von Gottes Schöpfung in zweierlei Weise dargestellt ist, in der doppelten Schöpfungsgeschichte von Genesis 1 und 2. Die Verfasser der Bibel scheinen von Anfang an darauf vertraut zu haben, dass die Bibelleser oder -hörer verstehen, dass beide Erzählungen ein bleibend gültiges Bild des Menschseins entwerfen.

Wenn ich an die für das Wachsen und Gedeihen so wichtige Humusschicht des Bodens denke, der in vielen Teilen Afrikas ihr Kleid aus Wäldern, Bäumen und Sträuchern genommen wurde und die vom Regen weggeschwemmt wird, dann erinnert mich das an die etymologische und theologische Verknüpfung von Adam und Eva, Humus und Leben. Besteht etwa nicht die Gefahr, dass wir selbst mit dem Erdboden weggeschwemmt werden? Oder dass wir das Klima so stark verändern, dass viele Lebensformen nicht mehr auf der Erde leben können, unter anderem wir selbst? Um Commander Collins zu zitieren: Warum tun wir das?

Der Wissensdrang ist ein wesentlicher Teil der menschlichen Psyche: Wir *wollen* wissen, wie die Dinge funktionieren. Man kann wohl kaum behaupten, dass die Neugier, durch die die Menschheit das Atom spalten oder Raketen entwickeln konnte, an sich schlecht war – auch wenn diese Neugier letztlich dazu genutzt wurde, Atomwaffen und Interkontinentalraketen zu entwickeln.

Als Wissenschaftlerin weiß ich, wie wichtig es ist, dass wir so viel wie möglich von der Funktionsweise biologischer Systeme verstehen. Wir haben sicherlich noch viel über die außerordentlich komplexen Zusammenhänge zwischen den einzelnen Regionen der Erde zu lernen. Die Klimaforscher räumen ein, dass die von ihnen entwickelten Vorhersagemodelle für die Folgen der Erderwärmung – die bereits sehr viel genauer sind und viel mehr Daten einbeziehen als noch vor einigen Jahren – nur Tendenzen und Muster, Risiken und Wahrscheinlichkeiten andeuten und wenig Genaueres sagen können. Das liegt daran, dass wir die erstaunlich diffizilen und komplexen Wetterbedingungen der Biosphäre unseres Planeten immer noch nicht ganz durchdrungen haben.

Wir sollten uns in Erinnerung rufen, dass die moderne Wissenschaft trotz ihrer außerordentlichen Differenziertheit viele Dinge nicht erklären kann. Und wie wir bei der Erforschung des Weltraums gelernt haben, stellen sich durch die gesammelten Daten immer neue Fragen. Wir täten also gut daran, vorsichtshalber die elementarste Form der Umwandlung von Sonnenenergie in Materie – die Photosynthese – zumindest teilweise zu schützen.

Auch wenn wir nie alles in Erfahrung bringen oder verstehen werden, was man über Wälder wie die des Kongobeckens wissen kann, liegt es doch nahe, dass wir sie besser nicht ausplündern oder zerstören sollten. Vielleicht können wir nicht jedes Detail des Artenreichtums dieser Region erschließen. Es ist jedoch klar, dass ein einheimischer Baum einen wesentlichen Dienst für das Ökosystem leistet, in dem er steht. Deshalb wäre es gut, wenn wir so viele dieser Bäume wie möglich erhalten oder neu anpflanzen könnten. Das gilt auch für die Wälder, die aus diesen Bäumen bestehen. Auch wenn wir nicht sicher sagen können, wie gravierend die Auswirkungen des Klimawandels sein werden, wäre es doch unklug, große Mengen Treibhausgas in die Atmosphäre zu leiten.

Commander Collins würde uns vermutlich dazu raten, wegen der Wolken aus Rauch, Staub und Asche über Afrika und wegen unserer Beziehung zum Staub, aus dem wir gemacht sind, nicht zu verzweifeln. Statt dessen würden wir ihrer Meinung nach vielleicht am besten versuchen, uns mit Hilfe unseres technologischen Know-hows auf einen anderen Planeten zu flüchten. Welchen Fantasien von der Besiedlung anderer Galaxien oder dem Anbau von Nahrung und dem Auffangen von Wasser im Weltraum wir uns auch hingeben mögen – die bei weitem einfachste, naheliegendste, größte und drängendste Aufgabe besteht darin, die Wolke hier über unserer Erde zu reduzieren.

Wenn wir in den Holzkohlefeuern mitten im Kongo die Hölle erkennen können, dann können wir auch den Himmel in einem klaren, tiefen Fluss voller Fische sehen, an dessen Ufern üppige Vegetation wächst und viele Wildtiere leben; oder in gesunden, wohlgenährten Kindern, die wissbegierig sind und hart für ihre Zukunft arbeiten wollen; oder in Bürgerinnen und Bürgern, die sich sehr für ihre Gesellschaft und Gemeinde engagieren und von dem Gedanken beseelt sind, dass alles erhaltenswert ist, was die *Quelle* erschaffen hat.

Zudem bleibt die Staubwolke ja nicht nur über Afrika stehen, wie auch der Regen des Kongobeckens nicht nur in Afrika fällt: Was auf einer Seite der Erde geschieht, betrifft am Ende alle Menschen. Wenn die unter der Wolke lebenden Menschen wegziehen, weil sie dort nicht mehr länger leben können, dann werden sie – oder andere in vergleichbarer Lage – über kurz oder lang woanders auf der Schwelle stehen und Zuflucht suchen. Weder sie noch wir können auf einen anderen Planeten ausweichen. Um wie vieles einfacher, sicherer und friedlicher wäre es, wenn wir jetzt handeln, um ihr Leben erträglicher zu machen – statt zu warten, bis es für sie kein Zurück mehr gibt.

Die Beobachtungen von Commander Collins und anderen Astronauten schenken uns zum Abschluss noch einige bemerkenswerte Einsichten: In gewisser Weise mussten wir uns von den Beschränkungen dieser Welt lösen, um zu sehen, wie wertvoll sie für uns ist. Nur dadurch, dass wir außerordentliche Kenntnisse und auf der Erde entwickeltes Finanz-, Industrie- und Naturkapital einsetzten, konnten wir überhaupt auf den Gedanken kommen, Leben auf einen anderen Planeten zu bringen. Und nach all diesen enormen Kosten, die mit dem Transport menschlichen Bewusstseins ins All verbunden sind, bleibt die uralte Frage, deren Antwort sich uns immer noch entzieht: *Warum tun sie das?*

Unsere Aufgabe bei der Heilung der Wunden der Erde besteht darin, eine Balance zwischen den verschiedenen Perspektiven zu finden: zwischen der vertikalen und der horizontalen Sichtweise; zwischen dem Blick aufs Ganze und dem Blick aufs Kleine; zwischen Wissen, das auf Messungen und Daten basiert, und Wissen, das auf ältere Formen von Weisheit und Erfahrung zurückgreift. Deshalb wollen wir diese unterschiedlichen Standpunkte im Gedächtnis behalten, wenn wir uns jetzt eingehender damit befassen, wie wir die spirituellen Werte umsetzen können, die vielleicht unsere Rettung sind. Unser Ausgangspunkt dabei werden die Bäume sein.

4. Die Macht der Bäume

DER ERSTE WERT, der im Zentrum der Arbeit des Green Belt Movement steht, ist die erkennbare Liebe zur Umwelt. Das muss keine gefühlsbetonte Liebe sein, und sie muss auch nicht bedeuten, dass die Menschen die Ressourcen der natürlichen Umgebung nicht nutzen sollten. Viele Baumsetzlinge und ausgewachsene Bäume sterben durch Dürren, oder weil sie vernachlässigt werden. Oder sie werden gefällt, um als Brennholz oder zum Bau von Zäunen zu dienen; vielleicht sind sie auch einmal zu diesem Zweck gepflanzt worden. Gegen eine solche Verwendung ist nichts einzuwenden, solange das Land danach nicht brachliegt, solange Bäume und Wälder nicht rücksichtslos ausgebeutet werden und dies nicht nur dazu dient, dass sich einige wenige Menschen bereichern, während viele unter dem Verlust dessen zu leiden haben, was Bäume und Wälder für uns leisten (etwa dass sie die Niederschläge regulieren oder die Bodenerosion verhindern).

Bereits vor der Ankunft der weißen Siedler im frühen 20. Jahrhundert wurden die Landstriche um die fünf bewaldeten Berge Kenias herum intensiv genutzt und sie waren relativ dicht besiedelt. Trotzdem bewahrten die indigenen Völker großflächige Waldregionen, in denen Elefanten, Leoparden, Büffel und viele andere Tiere lebten. Auch wenn in diesen Gebieten Bäume gefällt wurden, machten es sich die Gemeinschaften doch zur Regel, zunächst das Unterholz und bereits ausgelichtete Waldgebiete zum Hausbau und als Brennholz zu verwenden und die größeren, geraden Bäume stehenzulassen.

Solche Gewohnheiten ermöglichten den einheimischen Gemeinschaften eine Form der Waldnutzung, bei der Wasser und Humusboden im Wald gehalten wurden. Jeder stehengelassene Baum wurde zum Beispiel in der Kikuyu-Sprache *murema-kiriti* genannt, „einer, der dem Abholzen des Waldes trotzt". Solche Bäume galten als Wohnstätte der Geister aller gefällten Bäume. Die stehen gebliebenen Bäume durften nicht gefällt werden, bis der Geist auf einen anderen Baum übersiedelt war. Dazu wurde ein Stock zunächst an den zu fällenden Baum gestellt und dann zu einem Baum gebracht, der stehen bleiben sollte; oder man pflanzte am Standort des gefällten Baumes sofort einen neuen Baum. Solche Beschränkungen verhinderten natürlich großflächigen Kahlschlag.

In vielen Gemeinschaften galt die Verehrung nicht den Bäumen an sich. Die Einheimischen suchten sich jedoch bestimmte Baum- und Straucharten aus, unter denen für ihre Familien und für die ganze Gemeinschaft Opfer dargebracht wurden. In Kikuyuland zählte dazu der *mugumo* oder Feigenbaum (*ficus natalensis*). Die Kikuyu-Priester brachten nur dort Opfer dar, wo diese Bäume wuchsen – aber nicht jeder Feigenbaum wurde auch automatisch der Verehrung für würdig befunden.

Ein Feigenbaum und sein Standort galten erst dann als heilig, wenn dort einmal eine Zeremonie stattgefunden hatte. Als ich ein Kind war, machte mir meine Mutter nachdrücklich klar, dass ich nie die Zweige des Feigenbaumes nahe unserem Gehöft als Brennholz nehmen dürfe, weil dieser Baum, so sagte sie, „ein Baum Gottes" (*muti wa Ngai*) sei.

Hinter der Vorstellung des Feigenbaums als *muti wa Ngai* stand eine Art urökologischer Denkweise. Das tiefe Wurzelsystem des Baumes verhinderte Erdrutsche und erlaubte es dem Regenwasser, in aus dem Boden hervorbrechenden Bächlein und Rinnsalen aus den unterirdischen Speichern an die Oberfläche zu treten. Die Zerstörung oder Beschädigung aller Feigenbäume hätte den Boden aus dem Gleichgewicht gebracht und den Schutz des Wassers wie auch seine Entnahme aus dem Boden erschwert. Auf diese Weise konnten auch viele andere Völker, die ihre Bäume ebenfalls als Arznei- und Nahrungslieferanten nutzten, in einer manchmal unwirtlichen Umgebung überleben.

Für meine Mutter und die Generationen vor ihr war die Verehrung bestimmter Bäume ein Teil ihrer Ehrfurcht vor der Natur. Den Traditionen der Kikuyu zufolge musste man seine Sandalen ausziehen, wenn man sich bei einer Zeremonie einem Baum näherte oder wenn man auf den Mount Kenia stieg, der um die Jahrhundertwende noch komplett bewaldet war. Selbst jene Ältesten, die als spirituelle Autoritäten galten, gingen barfuß, wenn sie den Berg bestiegen, denn der Berg war so heilig, dass es sogar untersagt war, beim Durchqueren des Bergwaldes auf Pilze zu treten.

Seit den Anfängen der menschlichen Kultur haben Bäume nicht nur Nahrung, Arznei und Baumaterial geliefert, sondern sie waren auch Stätten der Heilung, des Trostes und der Kontaktaufnahme – zu anderen Menschen und zu Gott. Bäume zählen zu den ältesten und größten Lebewesen des Planeten, und deshalb ist es kaum überraschend, dass die Menschen religiöse Vorstellungen mit ihnen verknüpft haben.[8] Die jüdische Mystik der Kabbala stellt die Verbindung zwischen Himmel und Erde im Bild eines auf den Kopf gestellten Baumes dar. In den Upanishaden, sehr alten hinduistischen Texten, wird der Pipal- (oder *Asvattha-*)Baum mit seinen Wurzeln im Himmel und seiner Krone in der Erde als Manifestation Brahmas im Universum angesehen. In der altnordischen Mythologie wurzelt die Esche Yggdrasil in der Unterwelt, und ihre Zweige bilden die Heimstatt der Götter. Wenn meine Phantasie mit mir durchgeht, denke ich mir den Baum als einen auf den Kopf gestellten Menschen, mit dem Kopf im Boden und den Beinen und Füßen in der Luft. Der Baum isst mit den Wurzeln und atmet mit den Blättern, und sein Stamm steht für den menschlichen Leib.

Im Symbol der *axis mundi* – der Weltenachse, um die herum alles angeordnet ist – verkörpert der Baum sogar das Universum insgesamt. Die alten Ägypter glaubten, dass eine große Sykomore die Welten des Lebens und des Todes verbinden würde, und dass sich ein riesiger Baum über die Erde wölben und den Himmel unter sich bergen würde. In einer Geschichte, deren Nachhall wir in der Genesis finden, stellen sich die alten Babylonier zwei Bäume vor, die den östlichen Eingang des Himmels beschützen. Für die Völker im Norden Ghanas sind die Menschen über den Baobab (Affenbrotbaum) vom Himmel auf die Erde geklettert. Die Maya-Kultur Mittelamerikas verehrte den Ceiba, den sie Yaxche, Lebensbaum, nannte; er stützte den Himmel. In der Kosmologie des persischen Zoroastrismus kommt der Saena vor, der „Baum aller Heilung“.

Bestimmte Baumarten gelten als wichtige spirituelle Zentren. In vielen Gemeinschaften im Süden Ghanas werden *Okoubaka aubrevillei, Milicia excelsa* sowie eine Lianenart als heilig angesehen. Für die Shona in Zimbabwe wohnen die Geister ihrer Ahnen im *Mobola*-Pflaumenbaum. In einigen Gebieten Südafrikas gilt der *Marula*-Baum als heilig. Die westafrikanischen Yoruba glauben, dass die Iroko-Bäume, die Baumwollpflanze, die Baobab-Bäume und das afrikanische Sandelholz der Sitz einer Reihe von Göttern sind. Im ghanaischen Nkoranza und in Malawi gibt es ganze heilige Haine. Der den *Oshun* – weiblichen Gottheiten – gewidmete Hain der Yoruba in der Nähe von Oshogbo in Nigeria ist sogar von solcher Bedeutung, dass die UNESCO ihn zur Welterbestätte erklärt hat. Bei den Ndembu in Sambia, im Kongo und in Angola spielt der *Mudyi*- oder Milchbaum in einer Reihe von kulturellen und heiligen Bräuchen eine wichtige Rolle; gleiches gilt für den *Muyoomb* und den *Kapwiip*, den sie „den Ältesten der Bäume“ nennen. Auch in den Regionen Afrikas, in denen es kaum Wald gibt, werden Pflanzen verehrt. So sehen beispielsweise die nordafrikanischen Tuareg die *Maerua crassifolia* als Wohnort von Geistern an.

In ähnlicher Weise unterstreicht die Hebräische Bibel, dass Bäume – nicht nur im Garten Eden – ein Zeichen der Gegenwart Gottes sind. Nach der Sintflut kehrt die Taube mit einem Zweig des Ölbaums im Schnabel zurück und zeigt damit, dass die Arche Noah endlich ihr Ziel erreicht hat. Der israelitische Anführer Josua soll eine Säule unter einer Eiche aufgerichtet haben, an der Jahwe verehrt werden sollte, und Abraham schlug sein Zelt in den heiligen Hainen von Sichem, Hebron und Beersheba auf, um in

Gottes Nähe zu sein. Der Prophet Ezechiel stellte sich Gott als Baum vor, dessen Wurzeln Wasser hervorbringen, und Jeremia und Hosea verglichen Israel mit einem Baum. Als die Israeliten ins babylonische Exil gehen mussten, hängten sie bekanntlich ihre Harfen an die Weiden, was danach zu einem Symbol der Trauer wurde. In Asien wird erzählt, dass Buddha unter einem Salbaum zur Welt gekommen ist. Er soll unter einem Wasserapfelbaum zum ersten Mal in tiefe Meditation versunken sein; später fand er Erleuchtung unter dem Bobaum oder Banyan (der Pappelfeige), der deshalb Bodhibaum genannt wird. In Japan befinden sich die ältesten Shintoschreine oft an Hängen oder in Hainen, und durch das Züchten eines Bonsaibaumes soll sich unter anderem eine religiöse Geisteshaltung entwickeln.

Bei den alten Germanen galten Eiche und Fichte als heilige Bäume, während die antiken Griechen dem Apollo Lorbeer, Ölbaum, Myrte, Efeu und Eiche weihten und die Zypresse dem Hades. Eine Eiche bildete die Kultstätte des Zeus von Dodona in Epirus, und die Römer brachten die Myrte mit Venus und Neptun in Verbindung. Platos Akademie befand sich in einem der Weisheitsgöttin Athene geweihten Hain. Bis heute hat sich die antike griechische Tradition gehalten, der zufolge der Ölzweig mit dem Frieden verbunden ist und der Lorbeerkranz mit sportlichem Erfolg.

Auch in der vorchristlichen keltischen Überlieferung wurden heilige Wälder verehrt. Einige europäische Kirchen und Kathedralen sind mit dem Gesicht des vorchristlichen „Grünen Mannes“ verziert. Es steht für Frühling und Fruchtbarkeit und ist häufig mit Blättern bedeckt.

Einige Bäume sind auch im Christentum wichtige Symbole. Palmzweige wurden vor Jesus ausgestreut, als er in Jerusalem Einzug hielt; Palmen, Zypressen, Myrten und Ölbäume stehen für unterschiedliche Aspekte der Jungfrau Maria. Die Säulen ägyptischer Tempel waren wie die Stämme des Lotus, die Palme und die Papyrusstaude geformt. Der römische Architekturschriftsteller Vitruv aus dem ersten nachchristlichen Jahrhundert schreibt, dass die Säulen griechischer und römischer Tempel nach dem Vorbild von Baumstämmen gestaltet wären. An all diesen Kultstätten, zu denen auch die christlichen Kirchen und Kathedralen zählen, ist der Raum zwischen den Säulenreihen einer kühlen Lichtung nachempfunden: Sie ist von großen Bäumen umstanden, deren Kronen Schutz vor der Witterung bieten, und trotzdem vermittelt ihr überwölbter Raum den Eindruck von Offenheit und Erhabenheit, die ein Gefühl für das Göttliche wecken.

Neben heiligen Hainen – also Plätzen im Wald, an denen das Göttliche erfahren werden kann – spielt in vielen Religionen auch der Rückzug Einzelner in besonders schroffe oder beschauliche Landschaften eine große Rolle, da dort Botschaften des Göttlichen empfangen werden können.

Die hügelige Landschaft des zentralen kenianischen Hochlands bot viele Orte, an die sich die Kikuyu-Priester zurückziehen, mit Gott Zwiesprache halten oder Eingebungen empfangen konnten. Der Überlieferung zufolge wurden dort, in den zahlreichen Höhlen, in der Zeit zwischen den Ernten die Kikuyu-Sprache – die an Sprichworten und Redewendungen reich ist und später als Grundlage für die Entwicklung einer Schrift diente – sowie die

Kikuyu-Traditionen von *aini a gichandi* („*Gichandi*-Spielern"; das Instrument wird aus einem Flaschenkürbis hergestellt) entwickelt. Diese Grotten können in der Nähe von Wasserfällen oder Flüssen liegen; sie sind von Natur aus von Pflanzen bedeckt und bieten einen guten Rückzugsort.

Der Erzengel Gabriel soll dem Propheten Mohammed den Koran in einer Höhle übermittelt haben. Der israelitische Prophet Elia floh aufs Land und versteckte sich in der Nähe eines Baches, wo ihm Raben zu essen gaben. Die Religion der Mormonen nahm ihren Ausgang, als Joseph Smith in einem heiligen Hain in Palmyra im Staat New York seine Offenbarungen empfing. Auch Johannes der Täufer hat das Kommen des Messias in der Wüste angekündigt, und Jesus ging in die Wüste, um dort versucht zu werden. Während der drei Jahre seines Wirkens zog sich Jesus gleich mehrmals in die Einsamkeit zurück (zum Beispiel nach Lukas 6,12); in seiner letzten Nacht in Freiheit betete er etwa im Garten Gethsemane. Auch Kathedralen und Kirchen – die so erhabene religiöse Gefühle wecken können – besitzen Kapellen, in denen man mit seinen eigenen Gedanken und mit Gott allein sein kann.

Bäume sind wegen ihrer spirituellen Ausstrahlung und wegen des Schattens und des Platzes, den sie bieten, natürliche Sammelpunkte, an denen eine Gemeinschaft zusammenkommt, um über ihre Zukunft zu beraten, oder an denen die Ältesten ihre Urteile in strittigen Fragen fällen. Darum verwundert es nicht, dass bestimmte Bäume zu Symbolen für die Gruppenidentität geworden sind. Das fiel mir zum ersten Mal auf, als ich 2006 im nordspanischen Baskenland war. Dort hatte sich die Provinzregierung mit dem Green Belt Movement zusammengetan, um Bäume zum Ausgleich für die Emission von Treibhausgasen zu pflanzen. Vertreter der Behörde zeigten mir eine Eiche, die an der Stelle stand, an der sich seit jeher der baskische Regierungssitz befindet. Die Eiche war etwa zwanzig Jahre alt und angeblich erst der vierte Baum, der seit dem 14. Jahrhundert an dieser Stelle gepflanzt worden war.

Die Basken sind nicht das einzige Volk, für die ein Baum als Gerichts- und Regierungsstätte gilt. In Kenia versammeln sich die Führer der Samburu traditionell zu ihren Beratungen unter einem Baum. Die israelitische Richterin Deborah hatte ihren Sitz, an dem sie weisen Rat erteilte, unter einer Palme. Den Oromo in Äthiopien und Kenia gilt der Zepterbaum (der auch *Bokku* genannt wird) als angemessener Ort für die Versammlungen der traditionellen Gerichte. Die Richter der Massai- und Kalendjin-Gemeinden saßen von jeher unter einem Baum, und wenn man sich einmal unter ihm niedergelassen hatte, musste man die Wahrheit sagen – so, wie es in heutigen Gerichten zur Ehrlichkeit motiviert, wenn man die Hand auf die Bibel legt. Der Banyan-Baum in Südostasien und besonders auf Java spendet nicht nur Schatten, so dass man unter ihm lernen und den Regierungsaufgaben nachgehen kann, sondern unter ihm wurden im indischen Gujarat auch Geschäfte getätigt.[9] Und auch die frühen buddhistischen *Sanghas* (Gemeinschaften) praktizierten ihre asketischen Übungen im Wald.

Wenn die Männer der Kikuyu ihre Kinder großgezogen hatten, wurde von ihnen erwartet, dass sie Hüter der Weisheit wurden und die Lebensweise der Gemeinschaft beschützten. Deshalb galten sie als Friedensstifter und Richter, und während der Einführungszeremonie ins Ältestenamt wurde ihnen ein Stab vom *Thiigi*-Baum überreicht. Dieses Autoritätssymbol gestattete es ihnen, im Rahmen verschiedener Zeremonien und Rituale, in denen die Gemeinschaft ihre Übergangsriten und Opfer beging, offiziell tätig zu sein.

Vor dem Abhalten einer Zeremonie zog sich ein Kikuyu-Ältester sieben Tage lang zur inneren Sammlung an einen speziellen heiligen Ort im Wald zurück. Die Zahl sieben galt bei den Kikuyu als schlechtes Omen, und so bedeutete der siebentägige Aufenthalt im Wald, dass das Omen aufgehoben werden konnte. Während dieser Zeit trank der Älteste keinen Alkohol, enthielt sich der Sexualität und anderer Genüsse. Er versuchte, sich von schlechten Gedanken zu befreien und sich ganz auf die bevorstehende Zeremonie zu konzentrieren, auf die Notwendigkeit und die Bedeutung ihrer Ausführung. Die Zeremonien selbst stellten Versuche der Besänftigung Gottes dar. Gott war für alles verantwortlich, was der Gemeinschaft zustieß: Dürren, Hungersnöte, Unfruchtbarkeit oder Epidemien.

Immer wenn ein Urteil gesprochen wurde, musste der Thiigi-Stab zugegen sein; er war das Zeichen, dass Gewalt nicht toleriert werden würde. Ich erinnere mich, dass mir meine Mutter erzählte, dass sich bei Auseinandersetzungen zwischen Männern von unterschiedlichen Höhenzügen die Ältesten der gegnerischen Gruppen trafen. Wenn sie entschieden, dass es nicht zu einem Kampf kommen würde, gaben die Ältesten ihr Urteil den jungen Kriegern nicht direkt bekannt, sondern sie stellten sich auf ihre jeweilige Seite des Flussufers und streckten ihre Thiigi-Stäbe gegeneinander aus. Die Ältesten erklärten dann einen Waffenstillstand, indem sie gemeinsam die Worte *mbaara horoho* sprachen, „der Kampf ist beendet". Nachdem die Ältesten diese Worte gesagt hatten, zogen die Krieger ohne zu sprechen und ohne ein Zeichen von Aggression ab. Das Ritual war genauso verbindlich wie ein unterzeichneter Friedensvertrag, und es hat sich bei der Wahrung des Friedens in und zwischen den Gemeinden sehr bewährt.

Ich möchte an dieser Stelle noch einmal in Erinnerung rufen, dass die Verehrung und Sakramentalisierung von Bäumen in diesen Gemeinschaften nicht bedeutete, dass niemals Bäume gefällt oder für gewöhnliche Zwecke verwendet werden konnten. Faktisch ist das immer geschehen, auch zur Schaffung heiliger Räume. Der salomonische Tempel etwa bestand aus dem Holz von Eichen, Palmen, Datteln und Weiden sowie aus anderen natürlichen Materialien. Hindutempel werden häufig aus dem Holz des Deodar (der Himalaya-Zeder) gebaut.

Es scheint im Hinblick auf die Bedürfnisse der Gemeinschaften nur vernünftig, Bäume, die zur Holzgewinnung gepflanzt wurden, auch zu fällen, wenn sie ausgewachsen sind und ihr Holz zu verwenden. Dabei sollte man allerdings nicht vergessen, dass die konventionell-ökonomische Sichtweise der Nutzung natürlicher Ressourcen – wonach der Wert eines Baumes sich an dem Geldbetrag bemisst, den man für die aus ihm gewonnenen Produkte erzielen kann – nicht die Werte erfassen kann, die die Menschen darüber hinaus aus der sie umgebenden Umwelt ziehen können. In der Wissenschaft beginnt man erst seit jüngster Zeit das breite Spektrum dessen zu begreifen, was die Wälder in natürlicher, gesellschaftlicher, psychologischer, ökologischer und ökonomischer Hinsicht leisten: Sie reinigen das Wasser und halten es zurück, sie regulieren das Klima, sie enthalten Arzneien, liefern Nahrung, reichern den Boden an, binden Kohlenstoff und geben Sauerstoff ab. Von ihnen hängt nicht nur die Erhaltung von Pflanzen- und Tierarten ab, sondern die nackte Existenz ganzer Völker.

1997 schätzte eine Vereinigung von Wissenschaftlern, dass sich die Gesamtleistung der Ökosysteme unseres Planeten auf einen Wert von 33 Trillionen Dollar beläuft – das ist fast doppelt soviel wie das Bruttosozialprodukt der USA ($ 18 Trillionen) im gleichen Jahr.[10] Auf lokaler Ebene können diese Leistungen von zentraler Bedeutung sein. So kostet etwa das Anpflanzen und Erhalten von 12.000 Hektar Mangrovenbäumen in Vietnam eine Million Dollar. Doch nach Angaben eines neuen Berichts des Umweltprogramms der Vereinten Nationen werden dadurch jährlich 7 Millionen Dollar an Instandhaltungskosten für die Deiche des Landes eingespart. Shrimp-Farmen, für die häufig die küstennahen Mangrovenwälder gerodet werden müssen, erwirtschaften (mit Subventionen) bis zu 1.220 Dollar pro Hektar. Demgegenüber belaufen sich die Verluste an Holz, anderen Waldprodukten und Fisch sowie die Aufwendungen für den Küstenschutz für die Kommunen auf fast das Zehnfache: auf 12.000 Dollar pro Hektar. Nach fünf Jahren kommerzieller Shrimpzucht ist die Umwelt zerstört und das Unternehmen zieht weg; die Kosten für die Sanierung des Lands werden auf 9.000 Dollar pro Hektar geschätzt.[11]

Dass einige seltene tropische Harthölzer zu so praktischen Dingen wie Holzstegen, Sitzbänken oder auch Essstäbchen verarbeitet werden – und dass dabei soviel Abfall produziert wird – zeigt, wie weit wir davon entfernt sind, die Kraft und den Wert von Bäumen und Wäldern zu begreifen und die Umwelt zu lieben.

Wenn wir uns auf die heiligen Haine und den spirituellen und symbolischen Gehalt besinnen, den Bäume und Wälder für uns besitzen, dann sind Bäume ganz offenkundig nicht nur immer an unserer Seite, sondern es hat darüber hinaus auch den Anschein, dass wir ganz buchstäblich keine Menschen wären, wenn es uns nicht Leid täte, wenn ein Baum aus der Landschaft verschwindet. Mit ihm geht auch immer ein grundlegender Gedanke des Garten Eden verloren.

Man kann im Wald leben und ihn trotzdem nicht wirklich *sehen*, und man kann auf dem Land leben und die umgebende Natur nicht würdigen und sich nicht von ihr anregen lassen. Der Prophet Jeremia klagt über die, „die Augen haben und nicht sehen, und die Ohren haben und nicht hören“ (Jeremia 5,21). Wenn ich den Verlust der Natur in den Seminaren des Green Belt Movement zur politischen Bildung und Umweltbildung zur Sprache bringe, dann erzählen viele der Teilnehmenden später, dass sie die Welt nun mit ganz anderen Augen sehen. „Bis ich an diesem Kurs teilgenommen habe“, sagte beispielsweise eine Teilnehmerin, „habe ich die kahlen Äcker und

Straßenränder und die verödeten Landstriche nicht wahrgenommen. Nun sehe ich Areale, auf denen Bäume wachsen sollten, und verschlammte Flüsse, die mir vorher gar nicht aufgefallen waren.“ Endlich *sah* sie, was ihr die ganze Zeit vor Augen stand; sie war sensibilisiert und konnte sich am Heilungsprozess beteiligen.

Vielleicht war das der Grund dafür, dass sich für mich damals im Kongo das Fällen des zweihundertjährigen Sapeli so anfühlte, als ob etwas sehr Substanzielles und Folgenreiches zu Fall gebracht worden wäre. Als er umfiel, war das wie ein Nachhall aller Bäume und Wälder, die überall auf der Welt verschwinden. Weil dieser Baum so alt war, habe ich vielleicht auch mich selbst in ihm wiedererkannt: Im Laufe der vielen Jahre sind aus uns gelenkigen Jungen knorrige alte Menschen geworden; unsere frischen Glieder sind knotig und verbraucht. Und doch, so hoffe ich, bringen wir uns noch ein und halten würdevoll und unverwüstlich an unserem Leben fest.

Ich stellte mir vor, welche Entwicklung dieser Baum zurückgelegt hat – von seinen Anfängen als winziger Samen, der in einer Hand Platz fand, bis zu einem mächtigen Lebewesen, das viele Generationen von Menschen überlebte. Eine solche Reise des Wachsens im Dunkel des Bodens, im Licht der Sonne und in der Feuchte des Wassers könnte man naturwissenschaftlich erklären. Doch es hat auch etwas Wundersames an sich, dass ein Leben von solcher Größe und Dauer aus etwas so kleinem und zerbrechlichem entstehen kann. Die Ausbreitung der Wurzeln unter der Erde und der Zweige nach oben eröffnet uns einen Einblick in die Schönheit und Vielschichtigkeit natürlicher Prozesse. Mit unserem naturwissenschaftlichen Instrumentarium, trotz all seiner Perfektion, lässt sich das immer noch nicht erklären.

Bis er gefällt wurde, war dieser Baum so zäh, dass er Stürmen widerstehen, den Regen aufnehmen und Trockenzeiten überleben konnte. Dass schließlich mehr als die Hälfte seines Holzes in Rauch aufgehen sollte, ärgerte mich sehr. Seine Zweige hatten verschiedenste Insekten und trotz der Gefahr, den einen oder anderen Ast zu verlieren, auch Parasiten und Vögel beherbergt, die Löcher in seinen Stamm bohrten oder sein Inneres herausfraßen. Trotzdem war er weiter gewachsen. Am Ende musste er sterben, weil befunden worden war, dass er in totem Zustand einen größeren Wert besaß als in lebendigem.

Es gibt eine Facette unserer Liebe zur Umwelt, die wir stärker entwickeln müssen: Unsere direkte Erfahrung der Natur. Die Natur, insbesondere die wilde, unberührte Natur, nährt unseren Geist, und der direkte Kontakt mit ihr hilft uns, sie zu würdigen und uns um sie zu kümmern. Denn wenn wir sie nicht sehen, riechen oder berühren, vergessen wir leicht, dass es sie gibt, und unsere Seele verkümmert. Das gilt besonders für städtische Gebiete oder für die Industrieländer. Dort hat man kaum Berührung mit dem Ungebändigten – was der Hauptgrund für viele Touristen ist, um nach Kenia zu fahren (meist kommen sie nicht, um die Menschen Kenias zu besuchen!). Die Touristen wollen die großen Tiere in ihrer natürlichen Umwelt erleben. Viele bauen eine Beziehung zu einem Löwen, einem Elefanten oder einem Gnu auf und wollen dabei helfen, diese Tiere am Leben zu erhalten.

In vielerlei Hinsicht ist diese Suche nach dem Wilden ein Versuch, dem „Un-Wohlsein“ abzuhelfen, das wir alle verspüren, weil niemand von uns immun ist gegen die Wirkung der Umweltzerstörung oder der Zurückdrängung der Natur. Das fühle ich, wenn ich in den ländlichen Gebieten Kenias unterwegs bin und die kahlen Hügel sehe und die schlammig-roten Flüsse, die den Menschen und anderen Lebewesen schaden, statt sie zu versorgen. Doch es geht mir besser, wenn ich Orte besuche, an denen – vor allem die vom Green Belt Movement gepflanzten – Bäume wachsen und einen Streifen Land bedecken, der zuvor kahl war.

Ich erinnere mich an den Besuch eines Geländes, auf dem früher zum Export bestimmte Pflanzen angebaut worden waren. Nachdem der Boden ausgelaugt war, wurde das Areal einfach aufgegeben. Durch unsere Bemühungen konnten dort das Gras und die kleinen Büsche wieder wachsen, zwischen denen die einheimischen Bäume gedeihen können. Der Boden war komplett von Vegetation bedeckt, so dass man hätte denken können, das hier nie Landwirtschaft betrieben worden wäre. In der Nähe gab es zwei Bäche. Ein einheimischer Förster berichtete uns, dass sie nach der Wiederaufforstung des Waldgebietes zu fließen begonnen hatten. Als wir dann in ein tiefes Tal gingen, konnten wir sehen, wie sich das Wasser der Bäche mit dem Fluss vermischte, der tiefer war und neu belebt. Als ich sah, wie sich das abgeholzte Gebiet erholt hatte und dass die Bäche wieder zum Leben erwacht waren, war ich überwältigt. Nicht nur, dass sich das Land regenerierte – wir hatten auch dazu beigetragen, dass es in einem Gebiet wieder Wasser gab, in dem es jahrelang keines gegeben hatte. Das kam mir wie ein Wunder Gottes vor; wie Mose, der mit seinem Stab an den Fels schlägt und sieht, wie das Wasser in die Wüste fließt (siehe Numeri 20,11)!

Ich bin sicher nicht die Einzige, die es sehr berührt, wenn ein Fluss wieder klar und ohne Schlamm ist, weil neue Wälder mit einheimischen Bäumen angepflanzt wurden, oder wenn ich jemandem begegne, der von Veränderungen in seinem Leben erzählt, die durch unsere Arbeit hervorgerufen wurden. Wenn wir angenehme Erfahrungen machen – etwa in einem Wald zu stehen und auf die Vögel oder die Insekten zu lauschen oder auf das Geräusch des Windes in den Zweigen –, dann erfüllt uns das mit Wohlgefühl. Es ist so, als ob wir schließlich das gefunden hätten, wonach wir suchten.

Natürlich ist es wichtig, etwas über die Erde zu lesen, und das Verständnis für ihre Ökosysteme hilft dabei, eine Beziehung zu ihr aufzubauen und den Wunsch zu entwickeln, etwas für sie zu tun. Doch wenn man sich vollkommen von der Wirklichkeit der Natur abkoppelt, dann geht einem etwas Wesentliches vom Wissen darüber verloren, was mit der Erde geschieht. Wir sollten uns in Erinnerung rufen: Die Naturwissenschaftler, die sich mit dem Boden, den Wäldern und den Ozeanen befassen, berichten dem Rest der Welt seit fünfzig Jahren von vermehrten Hinweisen, nach denen dramatische Veränderungen auf der Erde zu verzeichnen sind: durch giftige Schadstoffe, den Verlust von Lebensräumen, das Artensterben, den Rückgang der Ozonschicht oder die Klima- und Temperaturveränderungen durch den Treibhauseffekt, die wir heute als Erderwärmung bezeichnen. Die Wissenschaftler haben ihre Daten *in* der natürlichen Umwelt gesammelt. Dies ist ein Grund dafür, warum ich Umweltbildung in den Schulen für sehr wichtig halte. Dazu sollte auch erlebnisorientiertes Lernen gehören, damit die Kinder den Boden anfassen und die Würmer sehen oder einen Garten anlegen und das Selbstgezogene ernten und essen können. Wenn sie diese Erfahrungen nicht sammeln können, wenn sie nie einen Baum pflanzen dürfen, dann werden sie vielleicht auch nie erfahren, was sie verpasst haben, bevor es zu spät ist. Möglicherweise können sie die verschwundenen heiligen Haine nie mehr entdecken.

5. Die verlorenen heiligen Haine

DURCH DIE JAHRHUNDERTE, als die unterschiedlichen Weltbilder miteinander kollidierten, sind die Bäume, gerade wegen ihrer Wirkung auf und ihrer Bedeutung für die Menschen, geradezu zu Symbolen für die Zusammenstöße unterschiedlichster Gruppen geworden. Ob die Bäume von einer bestimmten Gesellschaft nun als Schnittstellen zwischen der irdischen Welt und der Unterwelt angesehen wurden oder als Stätten, an denen die Ahnen oder ihre Geister wohnten: In jedem Fall waren sich potenzielle Angreifer darüber im Klaren, dass die heiligen Haine oder Bäume nicht nur zerstört werden mussten, sondern dass dieser Akt der Verwüstung die einheimische Bevölkerung zugleich auf sehr wirkungsvolle Weise demoralisieren, einschüchtern und ihre Gemeinschaft zerfallen lassen würde, weil sie ihrer ökonomischen und spirituellen Quelle und Stärke beraubt war.

Wälder können, wie viele Märchen belegen, Angst auslösen, weil sie Orte der Wandlung sind, an denen die geordnete Welt dem Chaos der *Natur* ausgesetzt ist. Im Wald begegnen Hänsel und Gretel der Hexe. Schneewittchen sucht vor ihrer bösen Stiefmutter Zuflucht im Wald; erst muss ein hundertjähriges Dornendickicht durchdrungen werden, bevor der Prinz Dornröschen retten kann. Und im Wald trifft Rottkäppchen auf den Wolf.

Natürlich sagen diese Vorstellungen mehr über die soziale Identität der verschiedenen Gesellschaften und Kulturen aus, die sie erzählen, als sie über die Bäume an sich verraten. Für viele indigene Völker wie die Aka im Kongo und viele andere Waldbewohner ist der Wald aber kein angstbesetzter Ort, der erobert oder gemieden werden sollte: Für sie ist der Wald ihre gesamte *Welt*, er ist ihre Quelle für Nahrung, Medizin, Kleidung und Obdach. Für die Aka existiert keine „Umwelt“, keine Natur jenseits oder außerhalb des Lebensraums der Menschen. Anders gesagt: Die Natur ist nichts Abgetrenntes, mit dem oder gegen das wir handeln. Wir müssen sie nicht als einen Ort fürchten, an dem wir unsere Menschlichkeit verlieren könnten. Umgekehrt ist sie auch kein Rückzugsort, an dem wir neue Perspektiven entwickeln und zur Ruhe kommen können, fernab aller Korruption und Verdorbenheit der Städte. Sie ist vielmehr etwas, das die Menschen jederzeit umfängt.

Um die Kontrolle über diese spirituelle Bedeutung der Landschaft wird seit jeher gerungen. Ein Beispiel für einen derartigen Kampf finden wir in der Hebräischen Bibel. Hier wird erzählt, dass die JHWH-Priester versuchten, den Aschera-Kult zu vernichten. Aschera war eine Göttin, die den Israeliten nach ihrer Ansiedlung in Kanaan in unterschiedlicher Gestalt begegnete, und die im ersten und zweiten Jahrtausend vor unserer Zeitrechnung in vielen Regionen verehrt wurde. Am häufigsten wurde Aschera – wie die Könige- und Chronikbücher sowie Jesaja und Jeremia berichten – verehrt, indem sich ihre Anhänger „Kulthöhen, Steinmale und Kultpfähle [*ascherim*] auf jedem hohen Hügel und unter jedem grünenden Baum“ errichteten (siehe 1 Könige 14,23; 2 Könige 17,10 etc.). An den meisten der 22 Stellen, an denen Ascheren in der Hebräischen Bibel Erwähnung finden, werden Könige oder Gruppen verdammt, die Ascheren aufstellen, oder es werden Mächtige gelobt, die ebendiese niederreißen.

In der Wissenschaft wird die Aschera traditionell als Fruchtbarkeitsgöttin angesehen, auch wenn eine solche Charakterisierung nicht unumstritten ist.[12] In der Tradition der Kikuyu ging eine Frau, die nicht schwanger werden konnte, mit einer Puppe auf dem Rücken zu einem Feigenbaum, an dem dann der örtliche heilige Mann eine Zeremonie abhielt. Ähnlich dem europäischen Maibaum verknüpfen auch die verschiedenen Totempfähle der amerikanischen Ureinwohner oder die Lingas und Stupas der südasiatischen Kulturen den Baum als Symbol der Macht mit einem phallischen, auf Fruchtbarkeit hinweisenden Objekt. Vielleicht waren auch die Ascheren ein Zeichen für die sich stetig erneuernde Macht des Baumes, Jahr für Jahr neues Leben hervorzubringen.

Die religiösen und politischen Machthaber des alten Israel hielten die Verehrung der Ascheren für einen klaren Verstoß gegen JHWHs Gebot und sie zerstörten die heiligen Stätten. Ähnliche Gedanken leiteten wohl auch den heiligen Benedikt und den heiligen Bonifaz im sechsten beziehungsweise siebten Jahrhundert und auch Karl den Großen im achten Jahrhundert, als sie derartige Haine im vorchristlichen Europa verwüsten ließen. Sie wollten damit nicht nur beweisen, dass die Mächte in den Bäumen oder Hainen nur Götzen waren und dem christlichen Gott nicht ebenbürtig, sondern sie wollten die einheimische Bevölkerung damit auch zur Konversion zum neuen Glauben zwingen.

Derlei Vandalismus zu religiösen und politischen Zwecken hat es nicht nur in grauer Vorzeit gegeben. Die Truppen der Kolonialmächte verteufelten, seit sie die fremden Lande betreten hatten, die religiösen Bräuche der von ihnen unterworfenen Menschen und drängten sie zurück. Wie den Aschera-Verehrern wurde auch den Kikuyu erzählt, dass Gott nicht im Freien verehrt werden könne, auf den Höhen oder in den Wäldern; er sei nur in einem für ihn erbauten Gebäude zu finden, wo ihm ein Altar errichtet wurde, über den ein Priester gebot, dessen Autorität ihm nicht von der Gemeinschaft verliehen wurde, sondern von einem anderen, weit entfernten Repräsentanten.

Am 4. August 1914 brannten die Briten die Häuser und die heiligen Haine der Giriama nieder, einer Gemeinschaft, die ursprünglich von der kenianischen Küste stammte. Dadurch wollten die Kolonialbehörden den Widerstand gegen die von ihnen geplante Besteuerung und gegen die Rekrutierung von Arbeitskräften brechen. Am gleichen Tag erklärte Großbritannien Deutschland den Krieg. Dieser globale Konflikt ließ Millionen Tote zwischen Ruinen, Schlamm und Baumstümpfen auf den Schlachtfeldern zurück.

Bis heute wissen Gesellschaften darum, dass die Zerstörung heiliger Bäume ein machtvoller Akt ist. Im Januar 2002 hat ein Pastor der Pfingstkirche im Laikipa-Distrikt auf der Nordseite des Mount Kenia die Mitglieder seiner Gemeinde zusammengerufen, um einen heiligen Feigenbaum zu fällen und zu verbrennen. An diesem *Oroteti* genannten Baum hatten die Ältesten gebetet und während der Dürrejahre ihre Opfer dargebracht. Schon oft hat die kenianische Regierung die Kikuyu daran gehindert, im

Freien mit dem Blick zum Mount Kenia zu Gott zu beten oder spirituelle Wallfahrten auf den Berg zu veranstalten, weil dies von den tonangebenden christlichen Gruppierungen nicht toleriert wird.

Invasionstruppen wissen darum, dass der Widerstand einer Gemeinschaft durch das Fällen heiliger Haine und Bäume leichter gebrochen werden kann. Aus dem gleichen Grund hat sich der Protest gegen das Aufoktroyieren von neuen gesellschaftlichen oder religiösen Traditionen oder wirtschaftlichen Vorhaben manchmal in Gestalt von Gemeindeversammlungen zum Schutz von Bäumen formiert. Solche Aktionen ließen sich auch als Demonstrationen der Liebe zur Umwelt betrachten.

Ein sehr bekanntes Beispiel dafür stammt aus den 1970er-Jahren. Im indischen Teil des Himalaya gerieten Frauen und Männer auf dem Land durch die Zerstörungen, die Holzunternehmen in ihren Wäldern anrichteten, in große Not. Die Chipko-Bewegung, wie diese informellen Gruppen genannt wurden (vom Hindi-Wort für „festhalten"), leisteten gewaltfreien Widerstand, der von Mahatma Gandhi als *Satyagraha* („Kraft der Wahrheit") bezeichnet worden war. Die Bauern riskierten erhebliche Verletzungen, als sie sich an den Händen fassten und eine Kette um die Bäume bildeten, damit diese nicht gefällt werden konnten. Diese Chipko-Bewegung unserer Tage hat sich durch einen Chipko-Zwischenfall aus dem 18. Jahrhundert inspirieren lassen: Damals starben im Dorf Kherjarli im Nordwesten Indiens dreihundert Menschen. Sie hatten *Khejri*-Bäume umarmt und wollten verhindern, dass sie auf Anweisung des örtlichen Machthabers gefällt wurden.[13]

Zu Beginn meiner Arbeit mit dem Green Belt Movement war mir weder die moderne noch die historische Chipko-Bewegung bekannt, doch das änderte sich bald. Ihre Anführer nahmen 1981 an einer Konferenz der Vereinten Nationen über neue und erneuerbare Energiequellen teil, die in Kenia stattfand. Viele von uns, darunter auch Mitglieder von Chipko und vom Green Belt Movement, marschierten gemeinsam durch die Straßen von Nairobi, um darauf aufmerksam zu machen, dass das Pflanzen von Bäumen auch bedeutete, erneuerbare Energie und Brennholz zu produzieren. Fast dreißig Jahre später versammelte sich die Welt in Kopenhagen beim Klimagipfel der Vereinten Nationen, um darüber zu diskutieren, ob ein Ende der Abholzung und der Schädigung von Wäldern – und damit der Schutz intakter Wälder – nicht zur Lösung des Problems der Erderwärmung beitragen könnte.

Einer der Unterstützer des Chipko-Widerstands in den frühen 1970er-Jahren war der Physiker und soziale Aktivist Vandana Shiva, dessen Organisation Navdanya derzeit für die Erhaltung der Artenvielfalt, Saatgutbestände und der Lebensgrundlagen indischer Bauern kämpft. In der Tradition der Chipko stehen auch die vielen Menschen hinter Narmada Bachao Andolan. Das ist ein Zusammenschluss von Organisationen, die gegen den Bau des Staudammes am Narmada-Fluss im indischen Gujarat protestieren. Bis heute ist auch die Appiko-Bewegung (was auf kanaresisch, der Hauptsprache des Bundesstaates Karnataka in Südindien, „festhalten“ heißt) von der Chipko-Bewegung inspiriert. Gleiches gilt auch für Frauen in Himachal Pradesh ganz im Norden Indiens. Im Jahr 2009 banden sie heilige Bänder – sogenannte Rakhis, die das Band zwischen Schwester und Bruder symbolisieren – um Bäume, die nach dem Bau der Renuka-Talsperre überflutet werden sollten[14]. (Ich finde solche Aktionen, die durch dem Glauben entsprungene Werte motiviert sind, sehr anregend. Bei jedem Besuch auf dem indischen Subkontinent wird mir bewusst, welche großen spirituellen Traditionen das Land hat – unter anderem den Hinduismus, den Buddhismus, den Jainismus, die Sikh-Religion und den Islam.)

Zwei der Hauptvertreter der Chipko-Bewegung, Sunderlal Bahuguna und Indu Tikekar, wiesen bei der Entgegennahme des „Alternativen Nobelpreises" (Right Livelihood Award) für die Bewegung im Dezember 1987 darauf hin, dass aus dem, was einst als ökonomische Kampagne zum Schutz des Waldes „als Grundlage zur Beschaffung von Arbeitsplätzen durch das Holzfällen und zur Lieferung von Rohstoffen für die Industrie" begann, mehr geworden ist: Ein Widerstand, der auf der Würdigung der Tatsache basiert, dass die von den Wäldern geleisteten Dienste sowohl ökonomischer als *auch* spiritueller Art sind:

> „Das lange Leiden der Frauen aus den Bergen hat die Aktivisten und ihre Bewegung zu neuen Höhen geführt: Diese standhaften Mütter künftiger Generationen beharrten darauf, dass der Wald ihr Elternhaus ist, das ihnen Wasser, Nahrung, Futter für das Vieh und Brennstoff liefert. Die Bäume wie die Mütter lehren, dass die wahre Quelle des Glücks im Leben für andere liegt und auch in der Bereitschaft, für andere zu sterben. Daher stammt das berühmte Motto:

»Was bringen die Wälder hervor?
Erde, Wasser und reine Luft;
Erde, Wasser und reine Luft,
darauf beruht das Leben.«[15]"

Ein anderer Akt des Widerstands im Geist der Chipko fand 1997 in Nordkalifornien statt: Die dreiundzwanzigjährige Amerikanerin Julia Butterfly Hill bestieg einen alten Mammutbaum, den sie Luna nannte und der gefällt werden sollte. Mehr als zwei Jahre lang lebte sie auf einer kleinen Plattform in Lunas Zweigen, aus Protest gegen die Abholzung dieser majestätischen Bäume, von denen viele Hunderte von Jahren alt waren. Sie lebte dort in Hitze und Kälte, bei Regengüssen und Schneefall und sogar während eines Hurricanes. Ihre Baumbesetzung zog ein enormes Medieninteresse auf sich, und das Thema des Schutzes alter Waldbestände in Kalifornien erlangte nationale und internationale Aufmerksamkeit. Am Ende wurden Luna und einige weitere Mammutbäume gerettet, und Julia kletterte wieder hinab. Sie gab zu, dass sie selbst nicht geplant hatte, zwei Jahre lang in bald sechzig Metern Höhe zu verbringen. Die Gruppe, die den Protest gegen die Holzfirma organisiert hatte, war über die Dauer ihres Aufenthalts wohl noch überraschter als sie selbst.

Ich fühle mich mit Julia verbunden. Und zwar nicht nur, weil sie die Schönheit des Baumes erkannte und sich entschloss, etwas zu seinem Schutz zu tun und ihre Liebe zur Umwelt zum Ausdruck zu bringen. Sondern auch, weil sie sah, dass Unrecht geschah und beschloss, es nach Möglichkeit zu beenden.

Als Julia auf dem Baum lebte, entwickelte sie eine enge Verbundenheit zu ihm:

> „Als ich dort oben stand und hinabschaute, hatte ich das Gefühl, als befände sich nichts unter meinen Füßen, obwohl doch dieser massive, starke Baum unter mir war. Ich hielt mich mit den Beinen fest und streckte die Arme zum Himmel hinauf. In meinen Füßen spürte ich die Kraft der Erde, die durch Luna strömte, während meine Hände die Kraft des Himmels fühlten. Es war magisch. Ich empfand ein perfektes Gleichgewicht. Ich war eins mit der *Schöpfung*."[16]

In den Stürmen, denen Julia ausgesetzt war, bog und wiegte sie sich mit den Ästen, die vom Wind hin- und hergepeitscht wurden. Doch der Baum sorgte auch für Julia, indem er sie mit Sauerstoff zum Atmen versorgte, so wie sie ihm mit ihrem Ausatmen das für ihn notwendige Kohlendioxid gab.

Manchen Menschen erscheint es vielleicht absurd, einem Baum einen Namen zu geben, ihm eine spirituelle Dimension zu verleihen oder ihn für unverwechselbar zu halten; das tun vielleicht Dichter oder Naturvölker, aber es ist doch keine angemessene vernünftige oder wissenschaftliche Antwort auf den biologischen Zyklus vom Werden und Vergehen, der weder Individualität noch Moral besitzt. Man könnte auch einwenden, dass sich die Natur trotz ihrer ganzen Symbiosen und der ökologischen Harmonie doch auch durch den erbarmungslosen Kampf ums Überleben auszeichnet, durch Parasiten und Raubtiere,

Ausrottung und Krankheit. Die Wälder sind lediglich eine von vielen Rohstoffquellen, und unsere Verantwortung beschränkt sich darauf, sie intelligent zu nutzen.

Die Schönheit in Julias Haltung liegt darin, dass sie sich nicht von den Schwarzsehern beeindrucken ließ, die sich den Baum ansahen und sagten, dass doch Millionen anderer Bäume in den Wäldern dieser Welt gefällt würden und dass es nutzlos wäre, sich für die Rettung dieses einen Baumes oder des Waldes um in herum zu engagieren. Sie gab für ihre Haltung keine rationale Erklärung, auch nicht in Anbetracht des absehbaren Ausgangs. Sie kletterte einfach auf den Baum, und nach und nach wich der Spott, den ihr Handeln ihr von vielen Seiten eingebracht hatte, einer widerwilligen Bewunderung. Die Frage der Abholzung im Pazifischen Nordwesten wurde nicht länger ignoriert, und Julias Gegner konnten dem Druck, eine Vereinbarung zu erzielen, durch die Luna und die anderen Bäume gerettet werden konnten (eine Vereinbarung, die es ja vorher nicht gegeben hatte), nicht mehr standhalten. Julias Handeln führt uns nicht nur eine positive Wertehaltung vor Augen, sondern auch, was den meisten von uns alles verloren gegangen ist. Der Sinn für die Schönheit, Ehrfurcht und Harmonie der Natur ist viel zu oft einem anderen Blick gewichen, der nur sieht, was wir benutzen, ausbeuten und kontrollieren können.

Diese Haltung wird mittlerweile gegenüber der gesamten Natur eingenommen. Wenn ich beispielsweise die Lebensweise der Kikuyu vor dem Kolonialismus betrachte, dann bin ich mir sicher, dass sie nur deshalb anscheinend so viel Zeit zum Feiern und Genießen der Natur hatten, weil ihr Blick auf sie nicht erwerbsorientiert und materialistisch geprägt war. Um nur ein Beispiel zu nennen: Die Kikuyu gingen nicht an den Fluss, um darüber nachzudenken, wie sie das Wasser als Privatbesitz nutzen, in Flaschen füllen und verkaufen könnten; sie entspannten sich und genossen die Schönheit des Flusses, bauten an seinem Ufer Pfeilwurzeln, Bananen oder Zuckerrohr an und staunten über die Fische, die in ihm schwammen.

Wenn wir die Umwelt lieben, dann müssen wir uns mit dem Baum identifizieren, der gefällt wird, und mit den menschlichen und anderen Gemeinschaften, die sterben, weil ihr Land sie nicht länger ernährt. Wir müssen über die zerstörten Landstriche klagen und zornig werden, wenn wir hören, dass eine andere Gattung durch menschliches Handeln bedroht ist, oder wenn wir einen weiteren verschmutzten Fluss oder noch eine Müllkippe sehen. Wir müssen unseren Hunger nach Schönheit angesichts der Tristesse einer urbanen Umwelt ohne Parks, Bäume oder Blumen würdigen. Wir müssen die Verzweiflung wahrnehmen, die wir empfinden, wenn ein Fluss nicht mehr das Meer erreicht, oder wenn der Boden eines Sees nur noch aus rissigem Schlamm besteht.

Was wäre, wenn diejenigen von uns, die in gefährdeten Lebensräumen leben, sich entschließen würden, nur noch die Bäume zu nutzen, die durch das Wetter, durch Krankheiten oder aus Altersgründen umfallen und sterben? Oder wenn wir beschließen würden, nur noch die Bäume zu fällen, die für den Schutz der Wasserversorgung oder zum Erhalt der Artenvielfalt nicht unbedingt erforderlich sind? Natürlich könnte es passieren, dass dieser Entschluss uns sehr herausfordert und unsere bisherige

Lebensweise, immer mehr Güter anzuhäufen und die Steigerung unserer Lebensqualität in finanziellen Kategorien zu bemessen, gefährdet. Andererseits könnten wir damit beginnen, die Wasservorräte aufzufüllen, den Effekt des globalen Ausstoßes an Treibhausgasen zu verringern, die Bodenerosion zu stoppen, gefährdete Arten wieder anzusiedeln und eine Vielzahl anderer lebensbejahender Dienste zu stützen, die wir nicht zu Geld gemacht haben, weil wir sie für ökonomisch irrelevant hielten, solange sie keinen direkten kommerziellen Nutzen hatten. Dann würden wir vielleicht erkennen, dass wir eine Menge neuer Freunde haben, mit denen wir Zwiesprache halten können: die Bäume, deren Leben wir verschont haben und die mit uns symbiotisch atmen. Wir würden vielleicht weniger mit anderen Menschen um diese Bäume und das Land, auf dem sie stehen, konkurrieren und eine Kultur des Friedens mit unseren Nächsten entwickeln.

Das ist machbar. Das Green Belt Movement und die kenianische Armee haben beispielsweise Seminare zur politischen Bildung und Umweltbildung abgehalten, die zu außergewöhnlichen Aktionen geführt haben. Die Soldaten sind dafür ausgebildet, unser Land gegen eine feindliche Invasion von außen zu verteidigen. Solange wir uns aber nicht um unser Wasser, unsere Wälder und unser Land kümmern, ist es nicht nur wahrscheinlich, dass wir Kenianer gegeneinander um diese Ressourcen kämpfen werden, sondern das Land selbst wird von Wüstenbildung bedroht werden. Unter der Leitung des Generalstabschefs der Armee, General Jeremiah Kianga, begann die kenianische Armee deshalb eine Kampagne zum Schutz von Setzlingen. Die Soldaten pflanzten Bäume bei ihren Kasernen und in staatlichen Wäldern. Sie begriffen rasch, dass die sich zu ihren Füßen ausdehnende Wüste genauso gefährlich ist wie ein Fremder, der mit gezogener Waffe einen Anspruch auf kenianisches Land erhebt.

Die Sorge, dass sich die Sahara nach Süden und die Kalahari nach Norden ausdehnt, ist nicht unbegründet. Weil Bäume gefällt und keine neuen gepflanzt werden, verschwindet schließlich auch das Gras. Es gibt keine Tiere mehr, sondern nur noch Sand. Dann sind die Menschen gezwungen, abzuwandern und in Gebiete zu ziehen, in denen bereits andere Gemeinschaften wohnen. Das ist bereits in Darfur im Sudan geschehen und auch in Kenia, wo Kämpfe um Land und Wasser politisiert und als uralte Stammesfehden ausgegeben werden.

Ist es ein Wunder, dass es in solchen Situationen häufiger zu Konflikten kommt? Ist es ein Wunder, dass wir selbst grob und härter werden und leichter zu Gewalt neigen – wenn wir von dem abgeschnitten sind, das uns am Leben erhält? Wir sind blind für etwas, das nicht nur unsere Landesgrenzen bedroht, sondern die Zukunft unserer Zivilisation. Diese Gefahr trägt weder Schusswaffen noch Bomben bei sich, sie arbeitet im Verborgenen. Doch auf lange Sicht wird ihre Wirkung ebenso verheerend sein. Dieser Bedrohung kann man nicht mit Waffen entgegentreten. Das geht nur durch einen Bewusstseinswandel, durch die Wiederentdeckung der Liebe zur Natur, die die Herzen und Sinne unserer Vorfahren mit Leben erfüllt hat. Dann erst werden die heiligen Haine wieder heilig sein.

6. Dankbarkeit und Achtung

DANKBARKEIT IST DIE bloße Anerkennung der Fülle, mit der man gesegnet ist, und ein Gefühl der Verantwortung dafür, dass man klug mit ihr umgehen muss. Dieser Wert ist für das Green Belt Movement von grundlegender Bedeutung, und wir haben dafür mit einem Motto geworben, das für die Umweltbewegung in den Industrieländern seit Jahren wichtig ist: die drei „R“ des Reduzierens, Wiederverwendens (engl. *reuse*) und Recycelns.

Auf meinen Reisen um die Welt habe ich gesehen, wie unterschiedliche Kulturen ein Verständnis für das entwickeln, was für sie im Hinblick auf die Umwelt, die Wirtschaft und das spirituelle Leben von Wert ist und was nicht. Bei mehreren Besuchen in Japan und bei Gesprächen mit spirituellen Führern dort ist mir eine Reihe von Gewohnheiten und Überzeugungen aufgefallen, in denen sehr ansprechende Seiten der japanischen Kultur zum Ausdruck kommen. Ich nenne hier nur einige: die Teezeremonie, der Zen-Garten, das Haiku, die Pinselstriche in der Kunst und der Kalligraphie, das Origami, der Bonsai sowie *Satoyama* und *Tomoiki*. In allem zeigt sich die Liebe zum Detail, der klare Blick und auch eine Bewunderung für Bescheidenheit, Achtung, Disziplin und Ordnung. Die buddhistische Vorstellung des *Tomoiki* bringt die Wechselbeziehung zwischen Mensch und Natur auf den Punkt. *Satoyama* ist eine traditionelle Methode, um ein Gleichgewicht zwischen Wald und Agrarland zu schaffen. Beide Konzepte sind Teil des Sinnes für Symmetrie, Schönheit und die Verbundenheit mit der Natur, die in der japanischen Lebensweise Hochschätzung genießen.

Auf meiner ersten Reise nach Japan habe ich in einem Interview von der Arbeit des Green Belt Movement berichtet, und zwar besonders über unsere Kampagne zur Reduzierung der dünnen Plastiktüten in der Umgebung, wobei wir die drei „R" anwandten. Der Interviewer Yoshinori Kando, damals Chefredakteur der Zeitung Mainichi, erzählte mir davon, dass die Japaner ein ähnliches Konzept namens *Mottainai* hätten. Wörtlich übersetzt bedeutet dies: „Verschwende nichts!" Es wird nicht nur auf konkrete Dinge bezogen, sondern auch auf Ressourcen und auf Zeit. Es fasst die Dankbarkeit zusammen, die wir für das empfinden sollten, was die Erde uns gibt. *Mottainai* umfasst auch eine Haltung der Achtung, ja sogar der Verehrung für das, was man dank glücklicher Umstände bekommen hat, und für die Notwendigkeit, damit sorgsam und sparsam umzugehen. Es ist eine Aufforderung zur Dankbarkeit für das, was wir haben, ohne sich so an die Dinge zu klammern, als ob sie unsere Identität ausmachen würden. *Mottainai* ist durchdrungen vom Bedauern darüber, etwas nicht angemessen verwendet zu haben, und von einem Gefühl der Schuld, weil man so viel empfangen hat.

Es scheint, dass die traditionelle japanische Kultur viel Gewicht auf die Verbundenheit mit der Natur und die Verehrung für sie gelegt hat. Doch wie überall bedeutet die Entwicklung solcher Vorstellungen nicht auch automatisch, dass sie über viele Generationen weitergegeben werden. Leider zeugt nicht alles, was derzeit in Japan geschieht, von der Erkenntnis des *Mottainai*.

Für uns kann *Mottainai* auf mehreren Ebenen von Bedeutung sein. Wie die drei „R“ dürfen Abfallvermeidung und Dankbarkeit für das uns Gegebene nicht nur in den Industrieländern gelebt werden, wo übermäßiger Verbrauch und Verschwendung grassieren. Beides kann auch in den ärmeren Regionen praktiziert werden, wo die Umweltzerstörung die Armen noch ärmer werden lässt und die Ökosysteme, von denen sie abhängig sind, noch weiter geschädigt werden, manche sogar irreparabel.

Viele afrikanische Städte haben mit stetig wachsenden Müllbergen zu kämpfen, die zum Großteil aus Plastik in Form von Tüten, Flaschen und anderen Verpackungen bestehen. Überall findet man die dünnen Plastiktüten, die zerrissen sind oder nach einmaliger Benutzung weggeworfen wurden. Sie sind ein unschöner Anblick und stellen eine akute Gefahr für die Umwelt dar. Nicht allein, dass zu ihrer Herstellung fossile Brennstoffe verwendet werden – sie fliegen auch noch in die Baumwipfel, verstopfen Bäche und Entwässerungsanlagen und werden sogar in den Mägen von Haustieren sowie in Nationalparks und Naturreservaten gefunden. Es kursieren Witze darüber, wie diese schreiend bunten Tüten zu den neuen afrikanischen Nationalblumen wurden.

Angeregt durch meine Erlebnisse in Japan hat das Green Belt Movement in Kenia eine *Mottainai*-Kampagne gestartet. Wir wollten verstärkt auf die Regierung einwirken und sie davon überzeugen, die Produktion der dünnen Plastiktüten zu verbieten, wie es eine Reihe von

Staaten in aller Welt bereits getan haben, unter anderem Ruanda, Bangladesch, China und der Oman. Das Verbot der chinesischen Regierung hat dazu geführt, dass pro Jahr etwa 37 Millionen Barrel Öl eingespart werden, das sonst zur Herstellung der dünnen Plastiktüten benötigt würde.[17] 1.300 Tonnen Öl werden in China jeden Tag allein für die Herstellung von Plastik-Einkaufstaschen für Supermärkte verbraucht.[18] In den USA hat die Stadt San Francisco ein Verbot von Plastiktüten ausgesprochen, und [die Bio-Supermarktkette] Whole Foods Market verwendet überhaupt keine Plastiktüten mehr. Die Käufer dort benutzen ohnehin meist ihre eigenen biologisch abbaubaren Tüten, oder sie achten darauf, ihre Plastiktüten wiederzuverwenden.

Während sich das GBM bei Behördenvertretern für ein Verbot einsetzte, forderte es gleichzeitig die Kenianer selbst dazu auf, keine Plastiktüten mehr zu benutzen, sondern Körbe aus Sisal oder aus anderem biologisch abbaubarem oder Material aus nachhaltigem Anbau zu verwenden, um ihre Einkäufe vom Markt oder Geschäft nach Hause zu tragen. Dadurch schützen die Bürger nicht nur die Umwelt, sondern sie beleben auch traditionelle Wirtschaftszweige wieder neu. Wenn in Kenia Millionen von Tragekörben – die in der Sprache der Kikuyu *Kiondo* heißen – von Frauen aus nachhaltig angebauten Sisalpflanzen geflochten und zu einem fairen Preis in die Industrieländer exportiert würden, um die dünnen Plastiktüten zu ersetzen, dann würde die Industrie einen erheblichen Beitrag zum Schutz der Ressourcen der Erde leisten und gleichzeitig den Broterwerb auf dem Land und den fairen Handel stützen.

Durch die Zusammenarbeit zwischen dem Green Belt Movement und der Mainichi-Zeitung ist das Konzept des *Mottainai* in Japan wiederbelebt worden, und es wurde auch international bekannt. Ich hoffe, dass es zu einer weltweiten Massenbewegung wird, Dankbarkeit zu üben und nichts zu verschwenden, und dass *Mottainai* auf der ganzen Welt zu einem geläufigen Begriff wird und allgemein Verbreitung findet.

Japan hat 2005 die Plastiktüten verboten. Das bedeutet allerdings nicht, dass die „Verschwende nichts!"-Kampagne ein voller Erfolg gewesen wäre. Auch wenn noch bald siebzig Prozent des Landes selbst bewaldet sind, so importiert Japan doch große Mengen an Holz und Holzprodukten. In seiner Geschichte hat Japan erfahren, was es für die Regierung bedeuten kann, wenn das Land durch die Abholzung seiner Ressourcen beraubt wird. Trotzdem werden jedes Jahr im Durchschnitt mindestens 24 Milliarden Paare Einweg-Essstäbchen weggeworfen. Ursprünglich wurden Essstäbchen eingeführt, weil dadurch Holzreste verwertet werden konnten, für die man sonst keine Verwendung mehr hatte (eine Form des *Mottainai*).[19] Traditionell hatten die Japaner ihre eigenen wiederverwendbaren Essstäbchen immer bei sich, so dass sie überall etwas hatten, womit sie essen konnten. Viele Unterstützer der *Mottainai*-Kampagne haben diesen Brauch wieder aufgegriffen und bringen ihre eigenen Essstäbchen mit ins Restaurant.

Eine solche Einstellung kann andere Menschen dazu anregen, in ihrem Alltag eine eigene Form von *Mottainai* zu praktizieren. Diese Veränderung des Denkens zeigt auf bescheidene Weise, dass man die Menschen für die Erkenntnis sensibilisieren kann, dass wir alle auf demselben Planeten leben und dass es unfair und ungerecht ist, wenn sich jeder einzelne Mensch nur darum kümmert, was sein Tun für sein Land und sein Volk bedeutet.

Die japanischen Unterstützer der Kampagne nutzen ihren Wohlstand dazu, das Konzept des *Mottainai* zu fördern. Sie zeigen, dass man nicht arm sein muss, um Dankbarkeit und Achtung zu kultivieren oder um nichts von den Ressourcen zu verschwenden, mit denen man gesegnet ist. Das Wiederaufleben des *Mottainai*-Konzeptes könnte auch anderen Menschen Mut machen, die gerne Züge traditioneller Weisheit wiederbeleben wollen oder andere Elemente ihrer Kultur, die in der modernen Welt manchmal für unzeitgemäß oder unwichtig gehalten werden. Als ich zum ersten Mal von diesem Konzept erfuhr, musste ich erkennen, dass es bei vielen modernen Japanern unbeliebt war (die Ursprünge des *Mottainai* liegen im Buddhismus, doch das Wort selbst wird interessanterweise mit chinesischen Schriftzeichen geschrieben). Man hielt es für zu altmodisch für ein Land mit einer der weltweit größten und am weitesten entwickelten Volkswirtschaften und einer modernen Kultur.

Viele Japaner erzählten mir, dass sie den Gebrauch des Wortes „*Mottainai*" mieden, weil es mit einer vergangenen Epoche in Verbindung gebracht wird, in der noch viele Japaner arm waren und genügsam lebten. Es sei daran erinnert, dass die Worte „genügsam" und „sparsam" eigentlich nichts mit Entbehrung oder fehlendem Wohlstand zu tun haben. Es könnte keinen besseren Zeitpunkt geben, um die über diese negativen Konnotationen hinausgehenden

Aspekte von Genügsamkeit und Sparsamkeit wiederzubeleben. Die globale Finanzkrise und die praktisch weltweite Rezession der vergangenen Jahre haben viele Regierungen und einzelne Menschen dazu gezwungen, sich darauf zu besinnen, dass das Sparen für das individuelle und kollektive Wohlergehen mindestens ebenso wichtig ist wie das Geldausgeben und das Konsumieren.

Das Konzept des *Mottainai* soll uns ermutigen, uns intensiver mit der Dankbarkeit auseinanderzusetzen. Das geht über die Verpflichtung, nichts wegzuwerfen, den Verbrauch auf das Nötigste zu beschränken und kein unnötiges Geld auszugeben, hinaus. *Mottainai* ist eine Aufforderung dazu, Achtung vor den von uns verbrauchten Ressourcen zu entwickeln, Bedauern über den von uns produzierten Abfall zu empfinden sowie über die Zeit, die wir vergeudet haben, weil wir in dieser Sache nichts unternommen haben, und unsere Dankbarkeit für das zu zeigen, was uns gegeben wurde. Es verlangt von uns, dass wir würdigen, woher die Dinge stammen und was es die Erde kostet, dass sie bis zu uns nach Hause kommen.

In vielen Ländern gehen die Menschen häufig shoppen und kaufen Kleidung. Die Befriedigung dieser Nachfrage schafft überall auf der Welt Jobs im Einzelhandel, in der Textilproduktion, im Modedesign und in der Bekleidungsindustrie. So wird der Kreislauf von Produktion und Verbrauch in Gang gehalten, und der Wohlstand kann zirkulieren. Allerdings machen sich Gewerkschafter und Menschenrechtsaktivisten große Sorgen über die Arbeitsbedingungen in der Bekleidungsindustrie in den Entwicklungsländern, wo Männer und Frauen (und manchmal auch Jungen und Mädchen) täglich viele Stunden für wenig Geld und mit noch weniger Ruhepausen schuften. Doch es gibt auch andere Stimmen, nach denen diese Jobs vielen Arbeitern und Arbeiterinnen trotz vielleicht schlechter Arbeitsbedingungen einen wirtschaftlichen Aufstieg ermöglichen. So können sie der Armut entkommen, die gerade auf dem Land herrscht. Oder sie entgehen noch schlimmerer Arbeit (wie Prostitution und/oder Kriminalität), der manche Menschen nachgehen müssen, um überhaupt Geld zu verdienen.

Nach einiger Zeit ist bei den Wohlhabenden selbst der größte Schrank derart vollgestopft mit Kleidung, die nicht mehr passt, nicht mehr modern ist oder einfach den ganzen Platz wegnimmt, dass sie aussortiert wird. Vielleicht wird manches noch als Putzlappen oder Isoliermaterial recycelt, anderes wird in die Altkleidersammlung gegeben. Doch die Altkleidersammlungen in der industrialisierten Welt können nicht alles weiterverkaufen, was sie bekommen. Die Kleidung wird also auch in den Müll geworfen oder nach Übersee geschickt, damit die Menschen in den Entwicklungsländern sie erwerben und tragen können.

In den ärmeren Ländern gilt diese Kleidung oft als schicker und begehrenswerter als die vor Ort hergestellte, und häufig ist sie auch günstiger. In der Folge brechen in den Entwicklungsländern der Einzelhandel, die Textilproduktion, das Modedesign, der Anbau von Fasern wie Baumwolle und die Bekleidungsindustrie zusammen. In diesen Wirtschaftszweigen könnten die Menschen dort genauso gut oder sogar noch besser beschäftigt werden als in den „Sweatshops“. Wenn dieser Sektor doch noch weiter funktioniert und nicht zusammenbricht, dann ist er damit ausgelastet, Produkte zur Ausfuhr in die Industrieländer herzustellen. So können die Einheimischen wiederum nichts anderes anziehen als importierte Second-Hand-Kleidung. Genau das ist in Kenia geschehen und es hatte verheerende Folgen für die Textilindustrie des Landes, für die Arbeitsplätze und für die Baumwollfarmer.

Es lässt sich also nur schwer sagen, was „zu wenig" oder „zu viel" für verschiedene Gesellschaften bedeutet. Werfen wir einen Blick auf die Aka in der Republik Kongo. Wenn man sie fragen würde, was sie brauchen, dann würden sie vermutlich sagen: Nahrung, Kleidung, eine Schule für die Kinder und eine medizinische Ambulanz. Würden sie dies alles bekommen, dann hätten sie vielleicht gerne Bücher, mehr Lehrer und ein Krankenhaus. Danach würden sie vielleicht gerne Fahrräder besitzen, um in die Stadt zu fahren, und daraufhin ein Auto, damit die Fahrt nicht so anstrengend ist. All dies sind vertretbare Forderungen – es ist die Grundversorgung, die von den meisten Menschen in den Industrieländern für selbstverständlich gehalten wird. Wer von uns in den Genuss gekommen ist, Zugang zu Bildung, Verkehrsmitteln oder ausreichend Nahrung zu haben, könnte anmerken, dass das, was die Kongolesen fordern, keine „Wünsche" sind, sondern elementare Grundbedürfnisse. Anders gesagt: Diese Dinge oder Dienste sind die Grundlage für eine mögliche Entwicklung und für eine bessere Lebensqualität. Wie sollte man dem widersprechen? Entmenschlichende Armut ist eine weitere Wunde, die nach Heilung verlangt.

Ob wir genug haben oder es uns gut geht, wird aber ebenso von unserer Ausrichtung am Lebensstil anderer Menschen beeinflusst wie von dem latenten Gefühl, dass unser Leben an sich unbefriedigend ist. Dabei ist es nicht automatisch so, dass der Besitz von noch mehr materiellen Gütern die Zufriedenheit mit dem eigenen Leben steigert – und auch nicht die Dankbarkeit dafür.

Trotzdem können auch die Verfechter des Gedankens, dass die ganze Technologie und alle modernen Erfindungen ausschließlich schädlich seien, nicht von der Hand weisen, dass im letzten Jahrhundert große Fortschritte erzielt worden sind, die vielen Menschen ein längeres und gesünderes Leben ermöglichen. Pocken und Kinderlähmung sind so gut wie ausgerottet, und mehr Menschen als je zuvor haben Zugang zur Mobilität und zu den Chancen, die die Technik bietet. Zudem hat die Naturwissenschaft in den letzten fünfzig Jahren einen großen Schritt nach vorne getan, was das Verständnis der Vorgänge in der Natur angeht. Deshalb sollten wir die weitere Untersuchung und Verwendung natürlicher Materialien auch nicht rundweg ablehnen, weil wir an eine vermeintliche Reinheit der „Natur" glauben.

Derartige Kritik lässt sich auch auf gesellschaftliche Verbesserungen ausweiten. In den Gemeinschaften, mit denen das Green Belt Movement arbeitet, würde sich kaum jemand davon überzeugen lassen, dass das Leben in einer Lehmhütte auf dem Lande mehr Lebensqualität bietet, als wenn man in der Hauptstadt Nairobi in einem Gebäude aus Stein mit Strom und fließendem Wasser lebt, oder dass Menschen mit ihrem Los zufriedener wären, wenn sie weder lesen noch schreiben könnten. Ich selbst habe sehr von diesen Fortschritten profitiert. Es wäre also ziemlich scheinheilig, wenn ich bestreiten würde, wie sehr sie mir geholfen haben, meine Ziele zu verfolgen und mein Potenzial zu entwickeln.

Wir können den enormen Problemen nicht aus dem Weg gehen, vor denen die menschliche Gemeinschaft steht. Milliarden von Menschen haben Zugang zu Wohlstand, Infrastruktur und den materiellen Gütern einer auf Konsum ausgerichteten Lebensweise, und viele weitere Milliarden wünschen sich das gleiche. Alles deutet darauf hin, dass wir das jetzige Niveau von Wohlstand und Komfort *mit unseren derzeitigen Produktionsweisen* nicht werden halten können, ohne dass wir die Systeme des Lebens gefährden, von denen der Wohlstand, die Zivilisation und die anderen Lebewesen komplett abhängig sind.

Dabei ist es ironischerweise heute doch so: Genau die Länder, die vom 16. bis zum 21. Jahrhundert maßgeblich daran beteiligt waren, Kulturen zu erobern und zu zerstören, Völker zu versklaven und deren Selbstvertrauen zu untergraben und aus der Plünderung der natürlichen Ressourcen anderer Gemeinschaften Nutzen zu ziehen, sind es nun wiederum, deren Bürger am besten darüber informiert sind, was mit unserem Planeten geschieht, und deren Umweltprogramme am breitesten angelegt sind. Mehr Einwohner in den entwickelten Ländern praktizieren die drei „R“ und *Mottainai*; sie wenden Ressourcen zur Entwicklung erneuerbarer Energien auf und sind bemüht, ihren großen ökologischen Fußabdruck am Arbeitsplatz, zu Hause und in den Gemeinden zu verkleinern, indem sie den Ausstoß von Treibhausgasen zu reduzieren versuchen, für den in erster Linie ihre Gesellschaften verantwortlich sind.

Gleichzeitig suchen viele Industrieländer nach der Ausbeutung ihrer eigenen natürlichen Ressourcen nun in den Entwicklungsländern nach Bodenschätzen. Das ist de facto ein Eingeständnis dessen, dass diese rohstofffressende und unwirtschaftliche Art industriellen Wachstums keine Zukunft mehr hat. Es entbehrt nicht einer bitteren Ironie, dass genau die Weltgegenden mit den meisten natürlichen Ressourcen zu den politisch, sozial und ökonomisch instabilsten und ärmsten Regionen zählen. In den Ländern, deren Ökonomie immer noch auf dem Export primärer Rohstoffe basiert (wie Holz, Mineralien, Öl, Kaffee, Weizen oder Soja) und zu denen auch eine Reihe afrikanischer Staaten südlich der Sahara zählen, belasten viele der ärmsten Menschen der Welt die Umwelt und damit das Naturkapital, von dem sie abhängig sind, in einem alarmierenden Maße.

Den Völkern dieser Regionen wurde so oft erzählt, dass sie arm und machtlos sind, dass sie den Reichtum nicht wahrnehmen, der sie umgibt. Deshalb können sie von skrupellosen Unternehmen, die sich mit korrupten Politikern auf Landes- und Kommunalebene verbünden, dazu überredet werden, ihren „Besitz" für einen Bruchteil seines tatsächlichen Wertes zu verkaufen. Selbst wenn sich die Menschen in Afrika eine neue Agenda zu eigen machen würden, bei der die Erde im Mittelpunkt stünde, würden sie ihre Ziele vermutlich nicht erreichen können, weil sie keinen Zugang zu den Ressourcen haben (oder zu der zur Ressourcengewinnung notwendigen Technik). Es ist, als ob eine Person in einem Fluss von der Strömung mitgerissen wird und man selbst am Ufer steht und ihr zuruft, dass sie sich nur beruhigen und kurz nachdenken müsse, damit sie sich selbst helfen und zum Ufer schwimmen könne. Doch die Strömung ist stark und wird immer stärker, die Person gerät in Panik und kämpft gegen die Strömung an – mit dem Resultat, dass es immer wahrscheinlicher wird, dass sie ertrinkt.

Das Wachstum an materiellem Wohlstand geht häufig zu Lasten der unmittelbaren Umwelt, weil es mit Verschmutzung, Abfall und der Zerstörung natürlicher Ressourcen einhergeht. Anscheinend sind die Menschen erst ab einem bestimmten Grundniveau an Komfort in der Lage, darüber nachzudenken, welche Kosten ihre Lebensweise mit sich bringt. Doch dann kann es für vieles bereits zu spät sein. Natürlich hat bislang auch noch keine Gesellschaft erklärt, dass sie genug hat. Die Ursache der momentanen Umweltkrise besteht zu einem guten Teil darin, dass wir uns einfach nicht vorstellen können, wie wir anders leben könnten, oder dass es uns nicht gelingt, die globale Tragweite unserer regionalen oder lokalen Probleme zu ermessen.

Dabei haben wir alle tief in uns das Bedürfnis, uns wohlzufühlen und im Einklang mit uns selbst und der Umwelt zu sein, in der wir leben. Viele von uns entdecken, dass sich dieses Gefühl nicht durch materielle Güter erreichen lässt. Wir merken, dass sich Wohlbefinden und Zufriedenheit durch Mitgefühl, Selbsthingabe, den Dienst an anderen und das Teilen mit anderen einstellen. Wir sind keine materiellen Wesen, sondern spirituelle. Darum haben schon viele Menschen – selbst Reiche und Mächtige oder Adlige wie Prinz Siddharta Gautama, der spätere Buddha – ihren materiellen Besitz aufgegeben, um etwas Wertvolleres zu finden: etwas Unantastbares, fast Unerreichbares. Christus sagte zu dem jungen Mann, der wissen wollte, wie er an den Freuden des Paradieses Anteil bekommen könnte: „Geh hin, verkaufe, was du hast, und gib es den Armen; so wirst du einen Schatz im Himmel haben; dann komm und folge mir nach." Im Evangelium heißt es weiter, dass der junge Mann traurig wegging, „denn er hatte viele Güter" (Matthäus 19,20–22). Jesus forderte ihn auf, nach einer höheren Bewusstseinsebene zu streben, doch dafür hatte der junge Mann damals kein Ohr.

Leider gewinnen wir, je mehr wir kaufen, auch immer mehr Gefallen am Kaufen, und wir finden immer mehr Gründe, um unsere Anschaffungen zu rechtfertigen. Es scheint, dass das gesamte Gebäude von Produktion und Konsum auf dieses schwache Gefühl der Unzufriedenheit und den relativen Wert unseres Lebens aufgebaut ist. *Mottainai* – zu dem es auch gehört, dass man sich dafür schämt, so viel zu besitzen und sich gleichzeitig schuldig fühlt, weil man es nicht angemessen nutzt – könnte ein Korrektiv zu der Annahme sein, dass wir es schon irgendwie schaffen werden, auch weiterhin alles zu bekommen, was wir wollen.

Wie also können wir *Mottainai* in unserem persönlichen Alltag leben? In wohlhabenderen Gesellschaften gehen manche Menschen, statt das Auto zu benutzen, bewusst zu Fuß, fahren mit öffentlichen Verkehrsmitteln oder mit dem Fahrrad. Einige gehen sparsam mit Wasser um, reduzieren ihren Stromverbrauch und nehmen zum Einkaufen einen Korb mit, statt Plastiktüten zu verwenden. Wer in einem Industrieland lebt, kann sein Haus isolieren oder Glühbirnen gegen Energiesparlampen oder LED-Leuchten austauschen oder Haushaltsgeräte mit niedrigem Energieverbrauch kaufen. Man kann das Hausdach weiß streichen – dadurch werden Licht und Hitze wieder in die Atmosphäre zurückgeworfen, statt durch schwarz geteerte Dächer in die Häuser und auf die Straßen zu gelangen und die Städte bleiben kühler.

Wir alle können unsere Toilettenspülung seltener betätigen oder dabei weniger Wasser verbrauchen, und wir können nach Wegen suchen, um Regenwasser zu speichern und zu nutzen. Wir können ökologischen Landbau unterstützen, Produkte aus der Region mit einer guten Klimabilanz essen und weniger Fleisch verzehren. Wir können uns alle dafür einsetzen, dass Abholzungen und die Schädigung vorhandener Wälder verhindert werden, wir können Brandrodungen stoppen und stattdessen Methoden entwickeln, die den Verlust des Bodens und der Artenvielfalt stoppen. Jeder Mensch kann Bäume und Sträucher pflanzen und Schatten und Lebensräume für wildlebende Tiere schaffen.

Wir können unser alltägliches Leben schon durch einfache und leicht zu bewerkstelligende Schritte deutlich ändern. Wie das simple Pflanzen eines Baumes mögen diese Schritte vielleicht im Einzelnen keine großen Auswirkungen haben. Doch sie sind ein wichtiger Teil der notwendigen Konzentration auf das Kleine. Vielleicht sehen wir die Ergebnisse dieser Schritte nicht aus dem Weltraum, und vielleicht bemerken sie noch nicht einmal unsere Nachbarn. Doch wenn viele Menschen einen, zwei oder alle dieser kleinen Schritte tun, kann der Effekt enorm sein.

Das waren nur einige der möglichen praktischen Anwendungen der Dankbarkeit. Viele der spirituellen Traditionen der Welt fordern uns dazu auf, einen höheren Zweck jenseits unserer selbst wahrzunehmen. Sie können uns dadurch nicht nur dabei unterstützen, mögliche Grenzen zu akzeptieren, sondern auch ein stärkeres Gefühl der Dankbarkeit und der Achtung für die Ressourcen der Erde zu entwickeln. *Mottainai* beispielsweise beruft sich meiner Meinung nach auf die gleiche Vorstellung von guter Verwalterschaft, die Gott von Adam im Garten Eden fordert. Auch wenn der Mensch die Ressourcen nutzen darf, die er in der Natur findet, so muss er doch achtsam mit ihnen umgehen und dankbar für sie sein. Er muss akzeptieren, dass manche tabu sind und dass er sie nicht verschwenden darf. Er darf eben nicht die Chance verspielen, ein guter Verwalter zu sein.

Manche Religionen pflegen die Tradition des Mönchtums: Menschen leben gemeinschaftlich in Gruppen zusammen und zügeln ihre körperlichen Begierden – nach Sex, Alkohol, Drogen oder anderen Stimulantien –, und dadurch fühlen sie sich der *Quelle* näher. Im Christentum geloben die Ordensmitglieder in der benediktischen Tradition Armut, Gehorsam und Keuschheit. Der heilige Benedikt (480–547) gründete seinen Orden als Reaktion auf die von ihm wahrgenommenen Exzesse in seiner Gesellschaft und weil ihm die bestehenden Mönchsorden zu lax waren. Er verfasste die sogenannte „Regel", eine praktische und spirituelle Anleitung für Menschen in einer Gemeinschaft, durch die sie ihren Alltag mit mehr Tiefe leben konnten, um ihre gesamte Zeit auf Erden der Frömmigkeit widmen.

Viele Ordensmitglieder haben erfahren, dass der Verzicht auf materiellen Besitz ihre Lebensfreude nicht schmälert – im Gegenteil: Er hat sie von der Sorge befreit, dass jemand ihre Habe stehlen könnte, und auch davon, sich stundenlang mit elektronischen Geräten die Zeit zu vertreiben und darüber ihre Beziehungen, die Natur oder die *Quelle* zu vernachlässigen. Manche Ordensleute haben sich verpflichtet, mit den Armen zu leben. Dabei geht es nicht primär darum, den Armen dabei zu helfen, ihre Grundbedürfnisse zu stillen oder Zeugen ihres Leides zu sein. Vielmehr wollen sie den Menschen, die mehr als das Existenzminimum haben, zeigen, dass man als Mensch auch in Würde leben kann, ohne dass man Nahrung und Besitz im Übermaß hat.

Wie alle Institutionen, so haben sich natürlich auch die Orden nicht immer an ihre Selbstbeschränkung oder ihre Verpflichtung zur Armut gehalten. Einige von ihnen haben durch Landbesitz großen Reichtum und viel Einfluss erlangt, und sie haben ihre moralische Autorität wegen der menschlichen Schwächen ihrer Mitglieder verloren, die sich haben korrumpieren lassen.

Mit Ausnahme vielleicht der frühen buddhistischen Orden – bei denen *Sanghas* beziehungsweise Waldbewohner in Gemeinschaften lebten, in die Ortschaften gingen und um Essen baten, für das sie im Gegenzug für die Geber Gebete sprachen – gibt es bei den meisten Orden eine Grundversorgung (sie bekommen Nahrung und Unterkunft), damit die Mitglieder sich auf ihre religiösen Aktivitäten konzentrieren können. Diese Orden haben durch ihren Einsatz für die Armen und Kranken erkannt, dass bittere Armut kein gerechter Zustand ist und dass zu strenge Askese dem spirituellen Wachstum ebenso im Wege stehen kann wie exzessiver Konsum. Deshalb haben sie versucht, einen Kompromiss zwischen zu viel und zu wenig Besitz zu finden; bei den Buddhisten wird dies als „mittlerer Weg" bezeichnet.

Dankbar zu sein für das, mit dem die Erde uns versorgt, und die Sorge dafür, dass wir selbst und die Natur uns immer wieder regenerieren können – also quasi aufzutanken und eine Bestandsaufnahme zu machen -, ist, wie wir gesehen haben, ein Konzept, das vielen Religionen eigen ist. So gibt es beispielsweise im Judentum einen speziellen Tag, an dem Bäume gepflanzt oder der Zehnte von ihren Früchten gesammelt wird – Tu Bischwat, das Neujahrsfest der Bäume. Im hebräischen Kalender folgt auf die sechs Tage Schöpfung der Ruhetag (Sabbat). Die gleiche Vorstellung spiegelt sich in dem sogenannten siebten Jahr, dem Sabbbatjahr. Im siebten Jahr soll das Land brach liegen; was dort von alleine wächst, sollen die Armen sich nehmen können.

In jedem fünfzigsten Jahr – also nach sieben Mal sieben Jahren plus einem Jahr – sollte früher bei der Feier des Jobeljahres das Land neu verteilt werden, das ungerecht oder unsachgemäß erworben worden war, und ausstehende Schulden wurden nichtig. Der Sinn dieses Jahres bestand darin, an die Güte der Schöpfung Gottes zu erinnern. Auch sollte man erkennen, dass jedes zwischen Einzelnen oder Gruppen geschehene – auch unabsichtliche – Vergehen in der Vergangenheit ein Unrecht war, das wiedergutgemacht werden musste. Das Jobeljahr ermöglichte der Gemeinschaft als Ganzer einen Neubeginn, den Gefangenen Amnestie; so konnte sich die Gemeinschaft wieder an ihrem eigentlichen Ziel ausrichten, reinen Tisch machen und sich des Grolls entledigen, der das Wohl der Gemeinschaft und die Haltung der Menschen zueinander belastet hatte.

Zalman Schachter-Shalomi, ein in Österreich geborener Rabbiner, dessen Familie vor dem Holocaust floh und in den USA landete, hat in den späten 1970er-Jahren den Begriff „öko-koscher" geprägt. Damit strebte er eine Modernisierung der jüdischen Speisevorschriften (Kaschrut) und -bräuche vor dem Hintergrund des heutigen Umweltbewusstseins an. Ein anderer US-Rabbiner, Arthur Waskow, hat dieses Konzept breiteren Kreisen bekannt gemacht. Im Öko-Koscheren werden ethische Fragen der Lebensmittelherstellung (unter anderem die ökologischen Auswirkungen, die Arbeitsbedingungen und der Tierschutz) mit Kaschrut verknüpft. Die Wiederbelebung der Bedeutung des Sabbats und des Jobeljahres, die Sorge für die Welt (*bal taschit*) und die humane Behandlung von Tieren (*za'ar ba'ale chajim*) stellen ein Reihe von Maßnahmen dar, die die alte Weisheit der Hebräischen Bibel mit heutigen ökologischen Herausforderungen verbinden. (Nach Rabbi Schachter-Shalomi kann etwa die Verwendung eines Styroporbechers koscher sein, aber sie ist nicht öko-koscher.) Die Vorstellung, dass man in jeder Woche, in jedem Jahr und in jeder Generation Zeiten der Ruhe und des Kraftschöpfens einhalten und feiern sollte, verdankt sich auch dem alten jüdischen Gebot, „die Welt zu verbessern" (*tiqqun 'olam*).[20]

Natürlich besitzen viele Religionen in unterschiedlichem Maße Praktiken der Entsagung, die auf das Erreichen eines höheren Bewusstseinszustands zielen. Im Hinduismus etwa werden die Yamas geschätzt, eine Art Verhaltensregel. Dazu gehört, dass man sich verpflichtet, keine Gewalt anzuwenden (*ahimsa*), wahrhaftig zu sein (*satya*), nicht zu stehlen (*asteya*) und enthaltsam (*brahmacharya*) sowie redlich (*arjava*) zu leben. In vielen Religionen wird vor den Mahlzeiten um den Segen gebeten. In den drei abrahamitischen Religionen gibt es zudem noch ausgedehnte Zeiten des Fastens, des Gebets und des Nachdenkens. Während des Ramadans, der Passionszeit und des Passahs wird man immer wieder an Gott erinnert. Gleichzeitig versagt man sich mehrmals im Laufe des Tages die Erfüllung des Wunsches nach Nahrung, Alkohol oder Sex, und das soll Dankbarkeit wecken für das, was man den Rest des Jahres über wie selbstverständlich hat.

In der Tradition der Kikuyu war zwar weder die Vorstellung eines Sonntags bekannt noch längere Fastenzeiten wie die Passionszeit, doch es gab Feiern, die eine erholsame Unterbrechung bedeuteten. Zum Beispiel ruhte die Arbeit der Menschen am Tag nach einem Begräbnis (und sogar die Tiere durften nicht auf die Weide – *muthenya wa mutiiro*). Dass alle gezwungen waren, ihre normalen Beschäftigungen für einen Tag lang zu unterbrechen, erfüllte einen psychologisch wichtigen Zweck: Die Hinterbliebenen mussten erkennen, dass das Leben nicht so weitergehen konnte, als ob nichts geschehen sei. Diese Unterbrechung war auch die Zeit, der Dankbarkeit, der Achtung und der Wertschätzung für den Menschen Ausdruck zu verleihen, der sie verlassen hatte und nun zu den

Ahnen gehörte. Für manch einen war es vielleicht auch die Zeit, über den Sinn des Lebens und des Todes nachzudenken.

Eine Ruhepause von der Arbeit gab es auch, wenn die Gemeinschaft darauf wartete, dass das Getreide geerntet werden konnte und man die Vögel vom nahezu reifen Getreide fernhalten musste. In dieser Zeit führten die jungen Leute Tänze auf. Diese Feiern setzten sich nach der Ernte fort, wenn aus dem Korn Brei gekocht wurde. Die Kikuyu hatten erkannt, wie wichtig es für die Gemeinschaft war, durch das gemeinsame Mahl die Beziehungen untereinander zu festigen und mit der Ernte den Wert der gemeinsamen Arbeit und der Früchte der Erde zu würdigen. Unzählige Religionen und Kulturen begehen ihre Erntefeste auf ähnliche Weise, und sie tun dies aus dem gleichen Grund: Um ihren Dank für die Fülle der Natur zum Ausdruck zu bringen.

Den Kikuyu war bewusst, wie wichtig es war, dankbar zu sein und nichts zu vergeuden. Sie wussten, dass ihre Sorgfalt nachlassen würde, wenn sie den Reichtum als selbstverständlich ansähen, und dass sie so in Gefahr geraten würden, wenn sich das Schicksal gegen sie wenden würde. Wenn die Ernte besonders reichlich war oder es beim Vieh besonders viele Kälber oder Zicklein gab, dann achtete die Gemeinschaft darauf, dass die Menschen vor dem Feiern und dem Genuss der neuen Ernte fasteten (damit sie sich daran erinnerten, wie es ist, wenig zu haben). Einige Tiere wurden in so einem Fall auch zur Reduzierung des Bestands und als Dank für Ngai, den Spender der Gaben, als Opfer dargebracht. Auf diese unterschiedlichen Arten dankten die Mitglieder der Gemeinschaft

Gott für das, was sie empfangen durften, sie übten sich in Demut wegen seiner Großzügigkeit ihnen gegenüber, und fast bedauerten sie die Ausschweifung der Natur. Zur Beschwichtigung der *Quelle* beteten die Kikuyu darum, dass sie nicht wegen des Übermaßes an Glück gestraft würden und dass Gott nicht mit der einen Hand nehmen würde, was er mit der anderen gegeben hatte.

Eine ganz ähnliche Vorstellung findet sich in der bekannten Geschichte von Genesis 41, in der Josef die Träume des Pharao mit den sieben fetten und den sieben mageren Kühen und den sieben dicken und den sieben dürren Ähren deutet. Josef erinnert den Pharao daran, dass es klug ist, in guten Zeiten etwas zurückzulegen, damit man auch in schlechten Zeiten etwas hat. Aufgrund seiner Weisheit wurde Josef schließlich aus dem Gefängnis entlassen und zum Aufseher über das Land gemacht.

Wir stehen gerade vor großen globalen Herausforderungen in Bezug auf den sorgsamen Umgang mit Wasser, Ackerland, den Fischbeständen und Wäldern. Gleichzeitig will eine ständig wachsende Weltbevölkerung ernährt werden, deren Nachfrage nach Energie stetig steigt. Umsicht, Sparsamkeit und Bewahrung sind daher nicht etwa Eigenschaften, die nur von Ordensleuten praktiziert werden sollten oder von besonders rechtschaffenen und frommen Menschen – sie sind schlicht der einzige Weg zum Überleben.

Obwohl die Bibel (zum Beispiel in Deuteronomium 20,19–20; 22,6; Leviticus 22,28; Numeri 35,3–4) zur Sorge für die Erde anleitet und dazu, Gottes Schöpfung nicht sinnlos zu verschwenden, wird das genaue Gegenteil durch einige Züge der heutigen christlichen Kultur begünstigt. Ein sehr beliebtes Beerdigungslied in Kenia ist „This World Is Not My Home" („Diese Welt ist nicht mein Zuhause"). Es stammt von Albert E. Brumley, einem amerikanischen Gospelkomponisten. Im Text des Liedes geht es darum, dass die wahre Heimat der Christen der Himmel ist: „Meine Schätze liegen droben hinter dem Blau".

Manche der Gläubigen verstehen diesen Text ganz wörtlich und ignorieren die Fülle, die der Herr ihnen auf der Erde gegeben hat. Selbst wenn sie sich angeblich mit irdischen Dingen nicht abgeben wollen – sie brauchen trotzdem Nahrung, sauberes Trinkwasser und Luft zum Atmen. Sie machen sich also etwas vor. Die Gläubigen würden sich einen Gefallen tun, wenn sie angesichts des von Zerstörung bedrohten Planeten, der sie vielleicht bald nicht mehr ernähren wird, singen würden: „Diese Welt ist *ganz eindeutig* mein Zuhause", und: „Ich bin *nicht* nur auf der Durchreise".

Die Aussicht auf eine bessere Welt jenseits der unsrigen, die sich in „This World Is Not My Home" zeigt, mag tröstlich sein für jemanden, der den Verlust eines geliebten Menschen zu beklagen hat. Auch trifft es vielleicht zu, dass es im Himmel ganz anders sein wird als auf der Erde. Doch dieses Lied und viele ähnliche Texte sind missbraucht worden. Sie haben dazu geführt, dass viele Menschen von anderen, und auch von Gott, erwarten, dass für sie gesorgt wird und dass alles, was mit ihrem Leben und ihrer Umwelt nicht stimmt, für sie in Ordnung gebracht wird. So wird eine Einstellung gefördert, nach der unsere Umwelt nicht wirklich wichtig ist. Eine solche Weltsicht steht dem Wert der Dankbarkeit und Anerkennung für das, was die Erde uns gibt, diametral entgegen. Warum sollte man es mit einer solchen Weltsicht auch für wichtig halten, Bäume zu pflanzen, einen Wald zu schützen oder seinen ökologischen Fußabdruck zu verkleinern, wenn, wie es das Lied andeutet, ein viel besseres und passenderes Zuhause voller Schätze auf uns wartet? Wenn die eigene *oikia* – das altgriechische Wort für „Zuhause", von dem die Vorsilbe „öko-" abgeleitet wird – nicht mehr der Ort ist, an dem man sich heimisch fühlt, sondern man nur „auf der Durchreise ist", dann spielen im Alltag der Menschen weder die *öko*logische noch die *öko*nomische Sicherung eine große Rolle. Darüber hinaus werden die schnelle Befriedigung und der Rausch interessanter, weil das Leben auf dieser Erde ohnehin vermeintlich wertlos ist.

Bei den Seminaren des GBM zur politischen Bildung und Umweltbildung bringen viele Menschen ihren Glauben daran zum Ausdruck, dass es im Himmel goldene Straßen gibt. Dabei hat von ihnen niemand jemals Gold gesehen! Ich wundere mich darüber, wie man sich etwas vorstellen kann, was man nicht einmal kennt. Ich fordere die Teilnehmenden dann dazu auf, sich stattdessen vorzustellen, dass Gott möchte, dass wir uns um die Erde kümmern, und dass dieser Planet vielleicht der Himmel ist, nach dem wir streben, und dass wir so durch unsere eigenen Taten den Himmel auf Erden schaffen können. Ich frage sie dann: Wenn man ihnen nicht einmal die Dinge hier auf Erden anvertrauen kann, warum sollte Gott ihnen dann etwas anvertrauen, was ihrer Fantasie zufolge im Himmel sein wird?

Manchmal verändert sich die Sichtweise der Teilnehmenden, und sie sind schließlich bereit dazu, die Erde wie ein großes Geschenk zu sehen, auf das wir sehr gut aufpassen sollten. Hin und wieder allerdings weisen diejenigen, nach deren Ansicht die Welt etwas nicht „Reales“ ist, auf das Buch der Offenbarung hin und darauf, dass ein verheerendes Ereignis von enormer Zerstörungskraft das Ende dieser Welt und die Ankunft des Messias ankündigen wird. Doch ich verstehe die eschatologischen Visionen der Offenbarung nicht in dieser Weise. Schließlich sind sie nicht die einzigen Endzeitvisionen in der Bibel: Jesaja beispielsweise sieht eine Welt des Friedens ohne Raub und ohne Mangel (Jesaja 11,6). Jesaja und Ezechiel haben die Vision der Zerstörung aller Waffen (Ezechiel 39,9; Jesaja 2,4), und beide kündigen an, dass Gott das Land fruchtbar werden lässt (Jesaja 51,3; Ezechiel 36,29–30). „Da triefen die Berge von Most“, sagt Amos (9,13–15), „und alle Hügel fließen über“.

Sogar die Offenbarung selbst schildert das Vergehen der „ersten Erde“ und den dann kommenden „neuen Himmel und die neue Erde“ im Bild einer grünen Landschaft:

> „Und der Engel zeigte mir einen Fluss mit dem Wasser des Lebens, klar wie Kristall, der vom Thron Gottes und des Lammes aus durch die Mitte der Straße der Stadt floss. Auf beiden Seiten des Flusses stehen Bäume des Lebens, die zwölf Arten von Früchten tragen, jeden Monat; und die Blätter des Baumes dienen zur Heilung der Völker.“ (Offenbarung 22,1–2)

So stellten sich die Propheten die Welt nach der Ankunft des Messias vor. Das ist aber kein Plädoyer dafür, die jetzige Welt zu vernachlässigen, weil man *hofft*, dass sie vernichtet und durch etwas Besseres ersetzt wird. Vielmehr denke ich, dass die Propheten eine Alternative zur Schädigung der Umwelt schildern, die das Wasser des Lebens hier auf der Erde, das „klar wie Kristall“ war, schlammig und schmutzig gemacht hat, und die den „Baum des Lebens mit seinen zwölf Arten von Früchten“ in abgehackte Stümpfe und Holzkohle verwandelt hat. Das führt eben nicht zur Heilung der Völker, sondern dazu, dass sie sich gegenseitig bekämpfen, um Zugang zu sauberem Wasser und zu Lebensmitteln zu bekommen. Wie Commander Collins fragen auch diese Propheten, warum wir der Erde das antun, und sie fordern uns dazu auf, dass wir sie jetzt heilen und erneuern.

Abschließend soll daran erinnert werden, dass zur Dankbarkeit auch die Achtung vor der Großzügigkeit anderer Menschen gehören sollte. Im Lauf der Jahrzehnte hat Afrika beträchtliche Unterstützung erfahren. (Die Gründe dafür, dass viele Länder trotz der Hilfe nur geringe Fortschritte zu verzeichnen haben, liegen in der Korruption und im Missmanagement. Dies habe ich bereits ausführlicher in meinem Buch *The Challenge for Africa* behandelt.) Auch das Green Belt Movement hat von der Wohltätigkeit vieler Freunde und Unterstützer profitiert.

Sorge hat mir bei dieser Hilfe und Unterstützung von außen aber immer die Beziehung zwischen Geber und Empfänger bereitet. Leider hat die Empfängerseite allzu oft eine Anspruchshaltung entwickelt und ist überhaupt nicht in der Lage, ihren Dank für die langjährige Unterstützung durch Wohltäter oder Geberinstitutionen zum Ausdruck zu bringen, die ihnen die Fortsetzung oder Ausweitung ihrer Arbeit ermöglicht hat. Manchmal liegen die Gründe dafür in der Korruption und den Sprachbarrieren – die einfachen Bürger wissen oft gar nicht, was ihre Führer in ihrem Namen von anderen bekommen haben. Aber auch die Hilfsempfänger, die um ihre Dankesschuld wissen, verhalten sich dieser oft nicht entsprechend: Sie halten die gewährten Mittel für selbstverständlich und unterschätzen den Großmut vieler Menschen und Institutionen in aller Welt.

Auf diese Weise wird weder *Mottainai* praktiziert, noch werden diejenigen gewürdigt, die sich für das Wohl aller einsetzen. Stattdessen werden solche Hilfsleistungen für selbstverständlich erachtet. Viele der Länder, die Unterstützung empfangen, sind politisch gesehen vergleichsweise jung; viele waren nach dem Ende des Zweiten Weltkriegs noch Kolonien. Bedauerlicherweise haben sie zum Großteil auch noch keine Kultur der Wertschätzung für die Dienste ihrer Bürger entwickelt. Eine solche könnte sich – ähnlich wie in den Industrieländern – zum Beispiel in Auszeichnungen, Medaillen oder lobenden Erwähnungen ausdrücken. (Für viele ist eine solche Anerkennung der einzige Lohn.) Das liegt teilweise daran, dass die politisch Mächtigen häufig die Arbeit einfacher Bürger nicht anerkennen wollen.

Die Kirche hat einst das Konzept der Heiligsprechung zum Teil auch deshalb entwickelt, um ihren Dank gegenüber den oft wohlhabenden oder adligen Menschen auszudrücken, die sich um Arme und Kranke kümmerten. Wenn Männer und Frauen heiliggesprochen wurden, dann hieß das für die anderen Gläubigen, dass diesen Helden und Heldinnen Dank und Achtung gebührte und dass sie ihnen nacheifern sollten. Natürlich waren weder Heilige noch sind heutige Aktivisten gegen Fehler gefeit. Niemand besitzt übernatürliche Macht oder Erkenntnis. Wir sind alle nur Menschen. Doch wir sollten sie mit einigen Grundregeln des *Mottainai* ehren: mit Dankbarkeit und dem Wunsch, die von ihnen in der Welt verkörperten Werte zu achten und nicht mit Füßen zu treten.

Ich bin in der glücklichen Position, dass meine Arbeit mit dem Green Belt Movement Anerkennung gefunden hat und mir gesagt wurde, dass ich meine Sache gut gemacht habe. Eine solche Anerkennung durch eine Auszeichnung, eine lobende Erwähnung oder auch nur ein freundliches Wort kann ungeheuer ermutigend sein. Es kann einem den Mut geben, die eigene Arbeit auch unter schwierigen oder sogar gefährlichen Umständen fortzuführen. Selbst ein einfaches Dankeschön für jemanden, der sich für das allgemeine Wohl einsetzt, kann ihn oder sie in der Tatkraft, der Konzentration und dem Engagement bestärken, bestätigen oder gar beflügeln. Weil die meisten von uns dazu neigen, sich auf die nicht funktionierenden Dinge (oder Menschen) zu konzentrieren, vergessen wir leicht diejenigen, die hart für die Heilung der Erde arbeiten. Und wir übersehen oft, dass wir alle davon profitieren, wenn eine Wunde *tatsächlich* heilt.

Ein sichtbarer Ausdruck zwischenmenschlichen Dankes, den ich sehr wirksam finde, kommt passenderweise aus Japan: *Furoshiki*. Ein *Furoshiki* ist ein oft bunt verziertes Stück Stoff, in das die Japaner Geschenke einwickeln. In Japan ist es Brauch, dass man ein Geschenk mitbringt, wenn man jemanden besucht. Wenn ein Gastgeber das

Geschenk entgegennimmt, dann wickelt er oder sie das *Furoshiki* aus und gibt es dem Besuch zurück, damit es weiterverwendet werden kann. Wenn man bedenkt, welche Mengen an Verpackungsmaterial und Geschenkpapier oft weggeworfen werden, wenn ein Geschenk erst einmal ausgepackt ist, dann ist erkennbar, wie einfach und genial das *Furoshiki* ist. (Nach Informationen einer Website fallen in Großbritannien allein in der Weihnachtszeit drei Millionen Tonnen Abfall an.[21]) Letztendlich liegt der gesellschaftliche Wert im Geschenk selbst – in den Gedanken, die man sich bei seiner Auswahl gemacht hat, und in der vom Schenkenden gezeigten Achtung – und nicht darin, wie schon das kurzlebige Geschenkpapier ist oder wie schnell man es aufreißen kann.

Der Akt des Gebens ist beim *Furoshiki* eher ein Ritual des Austausches, weil der förmlichen Übergabe des Geschenks die Rückgabe der Umhüllung durch den Empfänger entspricht. Nicht nur kann die Verpackung wiederverwendet werden, wodurch weniger Abfall anfällt: Geber wie Empfänger des Geschenks erkennen an, dass ihre Freundschaft nicht nur zwischen ihnen beiden besteht, sondern dass sie Teil einer längeren Reihe von Gebern und Empfängern ist, die im Laufe der Zeit das *Furoshiki* erhalten und zurückgegeben haben.

Das *Furoshiki* erinnert mich an den *Kiondo* der Kikuyu, den von Frauen gefertigten Mehrzweckkorb, in dem man bei Besuchen ein Geschenk mitbrachte, und den man zurückbekam, wenn man ging. Die Kikuyu-Frauen gaben den Korb oft mit etwas Kleinem darin zurück, das aber etwas anderes war als das, was der Besuch ihnen mitgebracht hatte. Man zeigte so, wie sehr man die

Großzügigkeit des anderen schätzte und dankbar dafür war.

Bei den Kikuyu wurde neben dem *Kiondo* auch ein Kürbis, in dem man Getreidebrei oder Bier beförderte, als Gabe oder Geschenk überreicht. Wer einen solchen Kürbis bekam, polierte ihn vor der Rückgabe mit Rizinusöl. Mit der Zeit bekam der Kürbis durch dieses wiederholte Einölen einen wunderschönen Glanz. Je dunkler der Kürbis war, desto großzügiger war man – und umso stärker war man mit der Umgebung verbunden.

In diesen Gesten des Gebens zeigen sich sowohl die spirituellen als auch die praktischen Seiten der Dankbarkeit und der Achtung für Ressourcen. Sie festigen sowohl unsere Beziehung zur Erde *als auch* unsere Beziehung zueinander. Der Geist des sparsamen Umgangs mit etwas, das als wertvoll erachtet wird, findet sich in vielen Traditionen, doch er wird häufig nicht eigens zum Ausdruck gebracht. Es könnte für uns alle von Nutzen sein, wenn wir mehr Zeit damit verbringen würden, gegenseitig unsere Kürbisse zu polieren – wenn wir uns die Zeit nähmen, uns gegenseitig unseren Dank und unsere Achtung auszusprechen.

7. Selbstermächtigung

EINES SONNTAGMORGENS IM November sprach ich auf Einladung des Ortspfarrers in einer Kirche. Wie in vielen afrikanischen Kirchen am Sonntag, so waren auch hier die Kirchenbänke gut gefüllt. Mein Thema war der Klimawandel, und ich stieg mit einigen Fragen ein. „Wie viele von euch", fragte ich die Gemeinde, „haben heute Morgen auf dem Weg zur Kirche einen Fluss durchquert?" Einige Gemeindemitglieder hoben die Hand. „Wie viele von euch haben ein ausgetrocknetes Flussbett gekreuzt, in dem früher einmal Wasser geflossen ist?" Einige weitere Hände gingen hoch. „Wie viele von euch", fuhr ich fort, „haben Wasser aus einem Fluss getrunken?" Noch mehr Hände. Mir war klar, dass ich nun ihre Aufmerksamkeit erregt hatte. Sie waren neugierig: Worauf läuft diese Predigt hinaus?

Ich fragte, wie viele Menschen auf ihrem Land Eukalyptusbäume hätten. Vor mir erhob sich fast ein Wald von Händen. Eukalyptus ist eine exotische Baumart, die in Australien heimisch ist und von den Briten als Nutzholzlieferant nach Kenia gebracht wurde. Auch wenn die in Kenia gepflanzte Sorte schnell wächst, brauchen die Eukalyptusbäume trotzdem ungeheure Mengen an Wasser. Ursprünglich wurde Eukalyptus zum Trockenlegen von Sumpfgebieten genutzt, wo dann im Anschluss Ackerbau getrieben werden konnte. Damit sie schnell wachsen können, werden Eukalyptusbäume entlang von Flussläufen gepflanzt, in Feuchtgebieten und in bewaldeten Bergregionen. Im ganzen Land ist dort, wo sie gepflanzt wurden, der Boden großflächig ausgetrocknet. Die Lage ist so ernst geworden, dass der Umweltminister jüngst während einer ausgedehnten Dürrezeit dazu aufrief, die Eukalyptusbäume in den ufernahen Gebieten zu roden.

Ich fuhr fort und wies die Gemeinde auf die Anweisung des Umweltministers hin. Ich fragte sie: „Wie viele von euch werden nun die Eukalyptusbäume auf ihrem Land ausgraben?" Manche Hände blieben oben. Ich erläuterte, wie wichtig es ist, dass sie auf ihrem Land einheimische Bäume anpflanzen. Diese Bäume wachsen zwar vielleicht nicht so schnell wie der Eukalyptus, aber sie schützen die Wasserreserven und sorgen dafür, dass die Gläubigen zukünftig auf dem sonntäglichen Weg zur Kirche mehr (und tiefere) Flüsse überqueren können. Viele Gemeindemitglieder nickten zustimmend.

Dann fragte ich: „Wie viele von euch sind erlöst?" Alle Anwesenden hoben die Hände. „Hat euch Jesus erlöst?" „Natürlich!" riefen die Leute. „Wusstet ihr", fuhr ich fort, „dass Jesus an einem Kreuz starb? An einem Holzkreuz?" Ja, das wussten sie alle. Nun waren sie gespannt. Sie hatten keine Ahnung, was ich als Nächstes sagen würde. „Irgendjemand musste in den Wald gehen, einen Baum fällen und daraus ein Kreuz anfertigen, damit Jesus daran gekreuzigt werden konnte", setzte ich nach. Einige Gemeindemitglieder fielen vor Lachen fast von den Bänken. Sie merkten, in welche Richtung meine Ausführungen gehen würden. „Also", schloss ich, „wenn nun ihr alle durch Jesus Christus erlöst wurdet und dankbar seid für die Erlösung, die ihr durch diesen einen Baum empfangen habt, dann solltet ihr euch bei jedem Baum bedanken, den ihr seht.“ Dann wandte ich mich an den Bischof und sagte: „Darum bitte ich den Bischof, den Gläubigen zu sagen, dass sie an Ostern einen Baum pflanzen sollen – um dadurch Jesus danke zu sagen dafür, dass er für mich am Kreuz gestorben ist.“

In Kenia wird das Osterfest vier Tage lang gefeiert, von Karfreitag bis Ostermontag. „Könntet ihr nicht in diesen vier Tagen einen Baum pflanzen?“, fragte ich die Gemeinde. „Wie viele von euch werden am nächsten Ostermontag einen Baum pflanzen?“, setzte ich nach. Alle hoben die Hand. „Wie viele von euch werden das wirklich tun?“, fuhr ich fort. Die Leute lachten. Ich lachte auch, als ich zu meinem Schluss kam: „Ich sollte Bischöfin werden“, sagte ich ihnen. „Wenn ich eine violette Mitra hätte, würdet ihr mich ernst nehmen.“ Als ich geendet hatte, stellte der Bischof der Gemeinde noch eine Frage. „Wie viele von euch haben das Gefühl, dass sie heute eine Predigt gehört haben?“ Und alle hoben ihre Hand.

Ich kann nicht einschätzen, ob sich im nächsten Jahr im März oder April irgendein Gemeindeglied oder gar der Bischof daran erinnern, dass sie sich dazu verpflichtet haben, einen Baum zu pflanzen. Doch zumindest waren die Menschen in der Kirche an diesem Sonntag aktiv am Gottesdienst beteiligt, und sie wurden zum Nachdenken darüber angeregt, warum ihre Flüsse austrocknen und woher das Kreuz kam, an das Christus geschlagen wurde. Sicherlich war meine Predigt nicht theologisch ausgefeilt. Doch ich hatte den Eindruck, dass sie die unmittelbaren Fragen dieser Menschen berührte, und dass sie eine Beziehung zu Jesu Opfertod herstellte, die ihrer Gefühlslage entsprach.

Auch wenn meine Botschaft mit Lachen aufgenommen wurde, lag mir aus mehreren Gründen sehr daran, dass die Gemeinde das symbolische Pflanzen eines Baumes an den Osterfeiertagen ernst nahm. Auf der Nordhalbkugel fällt Ostern mit dem Frühlingsanfang zusammen. Wenn sich wieder Knospen und Blüten zeigen, leben die Laubbäume, die nach dem Verlust der Blätter im Herbst „tot" waren, auf wundersame Weise wieder auf. Die Sonne geht früher auf, das Land erwacht wieder zum Leben, Saft und Kraft kehren zurück, und überall kann man die Energie, die mit Wiedergeburt und neuem Wachstum einhergeht, mit Händen greifen. Wenn man einen neuen Baum pflanzt – und dadurch symbolisch den Todesbaum Christi durch einen Baum ersetzt, der vielen Lebewesen (einschließlich der Menschen) Leben und Nahrung spenden kann –, dann harmoniert das sowohl mit der christlichen Botschaft vom Leben und der Überwindung des Todes als auch mit den älteren Traditionen, den Lauf der Jahreszeiten mit dem Übergang vom Dunkel des Winters zum neuen Leben zu feiern.

Im Pflanzen eines Baumes zeigt sich auch ein neues Verständnis von der uns durch Christus geschenkten Erlösung, und dieses Verständnis soll durch das Bäumepflanzen zugleich unterstrichen werden. Um diesen Zusammenhang stärker hervorzuheben, verknüpft die christliche Theologie den Baum im Garten Eden, der die Ursache des Sündenfalls ist, mit dem Tod des zweiten Adam an einem anderen Baum, dem Kreuz. Dieser zweite Adam erlöst uns von der Ursünde und macht die Verfluchung des ersten Adam rückgängig. So heißt es im Johannesevangelium (3,16): „Denn so sehr hat Gott *die Welt* geliebt, dass er seinen einzigen Sohn hingab, damit jeder, der an ihn glaubt, nicht verloren geht, sondern das ewige Leben hat" (Hervorhebung von der Verfasserin). Unser Glaube an diese Erlösung hat Folgen für die ganze Welt, die den Psalmworten zufolge das Werk der Hände Gottes preist (Psalm 19,1) und die Fülle zum Ausdruck bringt (Psalm 65,9–13). Die Passage aus dem Johannesevangelium macht klar, dass wir mit unserem Glauben auch eine besondere Verantwortung besitzen: Wir sollen uns um alle Lebewesen sorgen, mit denen wir diesen Planeten gemeinsam bewohnen.

Immer wenn wir vom Green Belt Movement die Bibel in der Kirche oder in den Seminaren zur politischen Bildung und Umweltbildung einsetzen, dann ist es uns wichtig, dass wir den Glauben der Menschen, der in einem von den Pfarrern vermittelten wortwörtlichen Verständnis der Texte wurzelt, nicht kritisieren oder ungewollt abwerten. Wir versuchen, so unbekümmert zu sprechen wie ich an jenem Sonntag in der Kirche. Wir behaupten auch nicht, dass die Menschen Gott oder die *Quelle* in der Natur erkennen sollten, damit man uns keinen Pantheismus vorwerfen kann.

Stattdessen ermutigen wir die Gemeinschaften, mit denen wir arbeiten, auch an die Schöpfung zu denken, von der sie im Alten Testament hören: an die Bäume, die Tiere, die Insekten, das Wasser, die saubere Luft und den Wald. Wir bitten sie nachdrücklich, sich um sie zu kümmern, denn der Gott, zu dem sie beten, hat sie gemacht, und „die Erde ist des Herrn und was sie erfüllt" (Ps 24,1). Wir fragen sie: „Wenn ihr euch umschaut und abgeholztes oder ausgebeutetes Land erblickt – könnt ihr dann auch noch wie Gott in der Genesis von der Schöpfung sagen, dass sie gut ist?“ Ihnen ist klar, dass sie das nicht können. Bei diesem Weg der Bewusstseinsbildung geht es allerdings nicht darum, die Gläubigen dafür zu tadeln, dass sie sich nicht an die heilige Schrift halten oder dass sie kurzsichtig handeln. Wir wollen sie aufrütteln und ihnen solide Informationen liefern, die sie hoffentlich zum Nachdenken bringen und zum Handeln animieren.

Wir wollen sie auch dazu bringen, dass sie sich einen weiteren Wert zu eigen machen, der für die Arbeit des Green Belt Movement zentral ist: die Selbstermächtigung oder, vielleicht verständlicher ausgedrückt, Weiterentwicklung. Wir möchten, dass sie die Passivität ablegen, durch die viele sich auszeichnen, auch wenn sie von leidenschaftlichem Glauben erfüllt sind. Wir möchten, dass sie daran glauben, dass man etwas dafür *tun kann*, um sein Leben und seine Lebensumstände zu verbessern und auch dafür, dass es der Erde selbst besser geht; dass sie nicht auf jemand anderen – aus dem Diesseits oder dem Jenseits – warten müssen, der das für sie in die Hand nimmt; dass sie selbst die Fähigkeit und die Kraft haben, die Erde und sich selbst zu heilen. Deshalb fordern wir die Seminarteilnehmenden immer dazu auf, ihre Probleme aufzulisten und zu prüfen, wie viele davon selbst gemacht sind und sich auch von ihnen selbst lösen lassen. Es kann ihnen Kraft geben, wenn sie ihre eigene Verantwortung erkennen; und diese Ermächtigung kann ihnen wiederum die Stärke verleihen, sich auch größeren Herausforderungen zu stellen.

Ich verwende oft eine Textpassage aus der Bibel, wenn ich diesen Kontext verdeutlichen will. Sie steht im Neuen Testament, im dritten Kapitel der Apostelgeschichte. Zwar habe ich sie auch schon kurz in meiner Autobiografie *Afrika, mein Leben* erwähnt, doch es lohnt sich, hier noch etwas in die Tiefe zu gehen. In der Geschichte sind Petrus und Johannes, die Jünger Jesu, auf dem Weg zum Tempel in Jerusalem. Ein gelähmter Mann, der jeden Tag auf einer Trage an den Tempel gebracht wird, streckt seine Hand zu ihnen aus und bittet sie um Geld. „Silber und Gold besitze ich nicht", sagt Petrus zu dem Bettler, „was ich aber habe, das gebe ich dir: Im Namen Jesu Christi des Nazoräers, geh umher!" Und weiter: „Und er fasste ihn bei der rechten Hand und richtete ihn auf. Sogleich wurden seine Füße und Gelenke fest" (Apostelgeschichte 3,2–8).

In der Geschichte wird sichtbar, dass sich besondere Eigenschaften und Talente wie die des Petrus dazu einsetzen lassen, jemanden aufzurichten und seine soziale Situation zu verbessern, und dass manchmal die Armen und Schwachen *tatsächlich* der Hilfe bedürfen, weil sie nicht immer imstande sind, sich selbst zu helfen. Der Text sagt, um hier Lukas 12,48 zu zitieren: „Wem aber viel gegeben ist, von dem wird viel gefordert werden, und wem man viel anvertraut hat, von dem wird man umso mehr verlangen." Mit anderen Worten: Es ist durchaus angebracht, dass Petrus und Johannes ihre gottgegebenen Fähigkeiten im Dienst anderer Menschen einsetzen.

An dieser Geschichte gefällt mir allerdings auch, dass Petrus und Johannes dem Wunsch des Bettlers nach Geld nicht nachkommen; sie erkennen, dass es mit einem schlichten Almosen nicht getan ist. Sie fordern den Bettler auf, etwas zu *tun*, obwohl er von Geburt an gelähmt ist und seit vielen Jahren Tag für Tag vor dem Tempel auf der Trage liegt. Die Apostel machen deutlich, dass es an ihm liegt, aufzustehen und zu gehen. Es stimmt, dass Petrus seine Hand ausstreckt, doch auch der Empfänger muss ein bestimmtes Maß an Entschlossenheit zeigen. Die Apostelgeschichte erzählt, dass der zuvor gelähmte Mann nach seiner Heilung umhergeht und Gott preist. Wir wissen nicht, was danach geschah, doch ich glaube kaum, dass er weiterhin gebettelt hat. Die Erzählung spricht davon, dass er gesund und kräftig geworden war. Vielleicht hat er seinerseits auch andere durch seinen Glauben beflügelt und bestärkt.

Man kann darüber spekulieren, dass die Probleme des Bettlers nun sicher nicht alle auf einen Schlag gelöst waren. Er musste eine Arbeit finden; durch das Betteln hatte er zuvor immerhin ein geringes, aber doch regelmäßiges Einkommen gehabt. Möglicherweise stiegen auch seine Ansprüche; vielleicht glaubte er, dass ihm nach der körperlichen Leistungsfähigkeit jetzt auch noch Glück und Wohlstand wundersamerweise in den Schoß fallen würden. Wahrscheinlich ist das nicht geschehen, denn so einfach ist es normalerweise nicht. Wie Millionen anderer Menschen musste wahrscheinlich auch dieser Mann hart arbeiten, um seine Ziele zu erreichen. Wahrscheinlich musste er sogar noch mehr arbeiten, weil er nun keine Krankheit mehr als Entschuldigung vorbringen konnte, weder gegenüber sich selbst noch gegenüber der Gesellschaft. Das hat wohl ebenso viel Einsatz für und Vertrauen in die eigenen Entwicklungschancen erfordert wie das ursprüngliche Handausstrecken und Aufstehen.

Natürlich geht es in der Geschichte, theologisch gesehen, vor allem um die Macht des Glaubens der beiden Jünger an Jesus Christus und um die Wunder, die sie vollbringen können, nachdem sie die göttliche Inspiration empfangen haben – was wir heute als Pfingsten feiern. Doch enthält die Geschichte von Petrus, Johannes und dem Bettler meines Erachtens auch eine unüberhörbare Botschaft von der Verbesserung der sozialen Situation und von persönlicher Verantwortung. In dieser Botschaft erkenne ich spirituelle Werte, die bei der Heilung unserer Wunden und der Wunden der Erde hilfreich sein können. Dabei kommt es nicht darauf an, ob diese Werte nun von den armen Landbewohnern in Afrika und anderswo oder von den relativ Wohlhabenden in den Industrieländern in die Tat umgesetzt werden.

Das in der Apostelgeschichte geschilderte Wunder ist das erste nach Pfingsten. Vor diesem Wendepunkt sind alle vier kanonischen Evangelien sehr darum bemüht, zu betonen, wie normal oder sogar schwach die um Jesus versammelten Jünger sind. Nicht genug damit, dass Petrus Jesus in der Nacht vor dessen Kreuzigung drei Mal verleugnet; weder Petrus noch die anderen Jünger sind in der Lage, während Jesu Gebet in dieser Nacht im Garten Gethsemane wach zu bleiben. Während Jesu Wirken auf Erden werden die Jünger in den Evangelien als begriffsstutzig und ängstlich geschildert, oder sie konkurrieren miteinander und sind streitlustig.

Diese schlichten Handwerker vom Lande galten sogar als so bodenständig, dass, als die Feuerzungen über ihren Häuptern erschienen und die Jünger plötzlich wortgewandt in fremden Sprachen reden konnten, die Menge es kaum glauben konnte: „Sind nicht alle, die hier reden, Galiläer? Wie kommt es, dass jeder von uns sie in seiner eigenen Muttersprache reden hört?“ So unglaublich war die Verwandlung der Männer, dass die zum Passahfest versammelte kosmopolitische Menge schließlich gar annahm, die Anhänger Christi seien betrunken. (Apostelgeschichte 2,7–8 und 13).

Nichtsdestoweniger betonen die Evangelien auch selbst, dass man sich auch ohne göttliche Inspiration weiterentwickeln oder eine Führungsrolle übernehmen kann. Zweifellos hat Jesus auch gefordert, dass man die von Gott gebotenen Chancen und Gaben nutzt. Im Gleichnis von den anvertrauten Talenten beispielsweise (Matthäus 25,14–30; Lukas 19,12–28) bekommen zwei Knechte von ihrem Herrn fünf beziehungsweise zwei Münzen (oder „Talente“), und sie erhalten den Auftrag, sie klug zu verwenden. Sie investieren ihre Talente und erhalten im Gegenzug dafür fünf beziehungsweise zwei weitere Talente an Zinsen. Ein dritter Knecht, dem eine Münze anvertraut wurde, vergräbt diese allerdings, weil er zuviel Angst vor seinem Herrn hat oder zu unkundig in Finanzfragen ist. Der Herr lobt die beiden Knechte, die das ihnen Anvertraute verdoppelt haben, und bestraft den, der dies nicht tat. Er nimmt dem ärmsten der Männer dessen einziges Talent und gibt es dem, der am meisten verdient hat.

Dieses Gleichnis verdeutlicht, dass nicht jeder über die gleichen Fähigkeiten verfügt, um die heutige Bedeutung des Wortes „Talent“ zu gebrauchen. Und wirklich sind die Menschen wie ein Wald, in dem manche Bäume groß sind und andere klein, wobei alle ihren Zweck innerhalb des Ökosystems erfüllen und alle auf verschiedene Weise gedeihen können. Jedenfalls erscheint mir dieses Gleichnis hilfreich: Es weist darauf hin, dass man das, was einem gegeben ist, nach besten Kräften nutzen muss. Wenn man die eigenen Begabungen oder Ressourcen ungenutzt lässt oder sie nicht auf fruchtbare Weise entwickelt, dann wird einem alles, was man sonst noch hat, auch noch genommen und jemandem gegeben werden, der das ihm Gegebene bestmöglich genutzt hat. Dies lässt sich heute im übertragenen Sinn in unseren Gesellschaften beobachten: Die Reichen werden reicher und die Armen ärmer.

In vielen Diskussionen mit Frauen und Männern in den Gruppen des Green Belt Movement beziehe ich mich auf das Gleichnis von den anvertrauten Talenten, um zu verdeutlichen, dass man sich auch dann, wenn man nur wenig besitzt, ein Gefühl für den eigenen Wert bewahren kann. Man kann, auch wenn man auf die eigene Armut nicht stolz ist, doch auf sich selbst als Person stolz sein. Oder, wie ich von den Benediktinern gelernt habe: Man kann auch auf seine eigene Arbeit stolz sein oder auf das, was man mit den eigenen Händen herstellt, anbaut oder repariert.

Natürlich berücksichtigt das Gleichnis von den Talenten, dessen Sinn prinzipiell ein theologischer ist, nicht die Ungleichheit zwischen dem Herrn und seinen Knechten, die in manchen Übersetzungen auch als „Sklaven“ bezeichnet werden. Hier wird nicht genauer hingeschaut, warum die Knechte so wenig besitzen und ihnen der Herr überhaupt so viel geben kann. Systembedingte Ungerechtigkeiten erschweren es den Armen ganz erheblich, ihrer

Armut zu entkommen, und ebenso erleichtern sie es – in wohlhabenden und armen Ländern gleichermaßen – den Reichen, noch reicher zu werden.

Aufgrund dieser Ungerechtigkeit kombiniert das Green Belt Movement seit langem die praxisorientierten Programme zum Bäumepflanzen, zur Hilfe für geschädigte Landstriche und Wälder, zur Verbesserung der Nahrungssicherheit, zum Wasserspeichern, zur Abfallreduktion und zur Gründung nachhaltig wirtschaftender Unternehmen mit Kampagnen zur guten Regierungsführung; dies ist ein wichtiges Instrument, um gesellschaftliche, wirtschaftliche und ökologische Veränderungen herbeizuführen. „Gute Regierungsführung" (engl. *good governance*) bedeutet, dass Menschen in Führungspositionen für ihre Handlungen verantwortlich gemacht werden, dass sie ihre Entscheidungen öffentlich und transparent treffen und dass sie mit den ihnen zur Verfügung stehenden (finanziellen, personellen und die Umwelt betreffenden) Ressourcen gerecht und verantwortungsvoll umgehen.

Grundsätzlich kann sich jeder Mensch – unabhängig davon, in welchem Maße er gesellschaftlich oder wirtschaftlich benachteiligt ist oder unter welch ungerechten Lebensumständen er lebt – weiterentwickeln. Jeder kann aufstehen und umhergehen. Diese Botschaft ist zentral für die Arbeit des Green Belt Movement, und sie hat sich über Jahrzehnte hinweg an Hunderttausenden von Menschen in den örtlichen Netzwerken zum Bäumepflanzen als richtig erwiesen. Selbstermächtigung ist ein wesentlicher Punkt, wenn der Kampf um die Heilung der Wunden der Erde und unserer eigenen Wunden Erfolg haben soll.

Damit diese Selbstermächtigung erlangt werden kann, muss die Kirche eine wichtige Rolle spielen und die Gläubigen müssen Verantwortung für Gottes Schöpfung übernehmen. So schrieb Papst Benedikt XVI. in seinem Brief „Willst du den Frieden fördern, so bewahre die Schöpfung“ anlässlich der Feier des Weltfriedenstages 2010 und mit Verweis auf den Katechismus der Katholischen Kirche: „Der Achtung vor der Schöpfung kommt große Bedeutung zu, auch deshalb, weil ‚die Schöpfung der Anfang und die Grundlage aller Werke Gottes‘ ist und sich ihr Schutz für das friedliche Zusammenleben der Menschheit heute als wesentlich erweist.“

8. Selbsterkenntnis

IN KENIA ERFREUT sich *Kesha* bei vielen Christen großer Beliebtheit. Das ist eine pfingstchristliche Gebetswache, die die ganze Nacht dauert und während der die Gläubigen beten, trommeln und singen und Gott bitten, für sie einzutreten. Die Menschen glauben, dass sie nur laut genug und lange genug beten und trommeln müssen, damit Gott auf sie aufmerksam wird und ihnen Reichtum und Ruhm schenkt oder andere Wünsche erfüllt. Auch wenn sich hierbei über Stunden Kraft und Begeisterung zeigen und es beim Beten, Trommeln und Singen sehr lebhaft zugehen kann, offenbart diese Tradition doch auch eine entmutigende Passivität. Anscheinend haben die Menschen jeglichen Glauben daran verloren, dass sie selbst die Fähigkeit besitzen, die Veränderungen herbeizuführen, die sie sich für ihr Leben wünschen. Statt zum Beispiel aus ihrem Glauben Kraft zu schöpfen, um selbst Stärke zu gewinnen, legen sie alle Macht und damit alle Handlungsfähigkeit in die Hand Gottes.

Es gehört zu der Vision des Green Belt Movement, dass die Menschen dazu angehalten werden sollen, nicht auf ein göttliches Eingreifen zu warten, sondern sich selbst die Kraft zu geben, die sie sich wünschen. Sie können für diese Kraft beten, aber vor allem sollen sie erkennen, dass Gott sie zum Handeln auffordert, zum Aufstehen und Umhergehen! Durch seine Arbeit und seine Seminare fragt das Green Belt Movement die Menschen, warum sie die reichlichen Ressourcen, mit denen der Schöpfer sie beschenkt hat, einfach als gegeben hinnehmen. Warum fällen sie die Bäume und sehen tatenlos dabei zu, wie Gottes Regen ungenutzt wegfließt? Und dabei schwemmt er auch noch den uns von Gott zum Bebauen gegebenen Boden in Gottes Bäche und Flüsse und dann hinaus ins Meer, das ebenso von Gott kommt! Um noch einmal auf die Passage aus der Apostelgeschichte zurückzukommen: Die Umwelt stellt praktisch die Finger an der Hand dar, die Gott seit Jahrzehnten zu ihnen ausstreckt in der Hoffnung, dass sie sie ergreifen und sich selbst daran hochziehen, wie es der Bettler bei Petrus und Johannes tat. Doch die Menschen haben die Hand weggestoßen, weil sie zu sehr damit beschäftigt waren, sich gegenseitig im Gebet an den Händen zu halten oder des nachts auf die Trommeln einzuschlagen, um die Schöpfung Gottes zu preisen, die sich direkt vor ihrer Nase befindet.

Während der Seminare zur politischen Bildung und Umweltbildung muss man die Menschen manchmal daran erinnern, dass Unwissenheit über ihre Umwelt höchst unangenehme Folgen haben kann. Mit den Worten Hoseas gesprochen: „Hört das Wort des Herrn, ihr Söhne Israels! Einen Rechtsstreit führt der Herr mit den Bewohnern des Landes.“ Der Prophet klagt:

> „Denn es ist keine Treue und Liebe, keine Gotteserkenntnis mehr im Land. Fluch und Betrug, Mord, Diebstahl und Ehebruch herrschen im Land; Blutschuld reiht sich an Blutschuld. Darum klagt das Land, und alle seine Bewohner sollen vergehen samt

den Tieren des Feldes und den Vögeln des Himmels; auch die Fische des Meeres sollen dahinschwinden. … Mein Volk kommt um, weil es keine Erkenntnis hat." (Hosea 4,1–6)

In der Diskussion über diesen und weitere Texte fragen wir die Seminarteilnehmenden: „Warum, denkt ihr, sagt Gott den Kindern Israels durch ihren Propheten, dass sie wegen ihrer Unwissenheit sterben werden? Wenn ihr nun nicht sorgsam mit dem Boden umgeht, sondern es zulasst, dass er weggeschwemmt wird, weil ihr keine Terrassen oder keine Gräben zum Sammeln des Regenwassers für die Feldfrüchte angelegt habt, oder wenn ihr kein Geld zurückgelegt habt, um Dung oder Kunstdünger zu kaufen, und eure Saat nicht gedeiht, weil der Boden so schlecht ist: Warum seid ihr der Ansicht, dass Gott das für euch tun sollte? Zeigt sich darin nicht eure eigene Unwissenheit?" Häufig bedienen wir uns der Worte großer Propheten der Hebräischen Bibel – Hosea, Jeremia oder Jesaja –, die uns und die Menschen, mit denen wir arbeiten, über die Jahrhunderte und Kontinente hinweg ganz unmittelbar ansprechen.

Jesaja ruft aus: „Es verdorrt und verwelkt die Erde, es verschmachtet und verwelkt der Erdkreis. … Die Erde ist entweiht unter ihren Bewohnern; denn sie haben das Gesetz übertreten, das Recht verkehrt und den ewigen Bund gebrochen" (Jesaja 24,4–5). Das mag sich sehr hart anhören. Doch manchmal müssen die Leute die Wahrheit gesagt bekommen, egal wie brutal sie ist, wenn sie aus ihrer Passivität aufgeschreckt werden sollen, um sich selbst *zu erkennen* und dann ihre Situation zum Besseren zu wenden. Indem wir unser eigenes Zerstörungspotenzial anerkennen, bekommen wir auch die Möglichkeit, es zu beenden. Wir können nicht mehr darauf hoffen, dass Gott kommt und für unsere Fehler geradesteht, weil wir ihn aufgeweckt oder solange getrommelt haben, bis er sich rührt.

Für zu viele Gläubige gehört es zum „Gutsein“ dazu, dass sie ihr Leid passiv hinnehmen und auf eine Belohnung im Leben nach dem Tod hoffen. Eine bekannte buddhistische Geschichte erzählt von einem Mann, der ein glühender Verehrer der chinesischen Bodhisattva Guanyin ist. Ein Bodhisattva ist ein erleuchtetes Wesen, das gelobt, nicht eher vom Kreislauf von Geburt, Tod und Wiedergeburt (der kennzeichnend für die buddhistische Sicht auf das Dasein ist) erlöst zu werden, bis alle empfindungsfähigen Wesen von ihrem Leid erlöst sind. Eines Tages, so eine moderne Version der Geschichte, kommt eine große Flut und überschwemmt das Haus des Gläubigen, so dass er ins Obergeschoss ausweichen muss.

Als er aus dem Fenster schaut und zu Guanyin betet, damit sie in all ihrer strahlenden Herrlichkeit erscheint und ihn rettet, kommt ein Mann in einem Boot vorbei.

„Spring hinein“, sagt dieser. „Ich werde uns ans sichere Ufer bringen.“

„Nein, es geht schon“, antwortet der Verehrer. „Guanyin wird mich retten.“

Der Mann rudert von dannen, und das Wasser steigt weiter, bis der Gläubige auf das Dach seines Hauses klettern muss. Als er noch einmal zu Guanyin betet, kommt ein weiterer Mann in einem Boot vorbei.

„Warum steigst du nicht ein?", fragt dieser Mann. „Die Flut steigt immer weiter, und dir bleibt nicht mehr viel Zeit."

„Nein, danke", antwortet der Verehrer. „Guanyin hat immer gesagt, dass sie die retten wird, die sie verehren. Sie wird mir zu Hilfe kommen."

Der Mann rudert weg, und das Wasser steigt immer noch, bis es dem Verehrer bis zum Hals reicht. Schließlich taucht ein Hubschrauber auf und es wird eine Leiter zu dem Mann heruntergelassen. „Streck deine Hand aus und komm herauf!", ruft ein Mann aus dem Hubschrauber heraus.

Doch der Verehrer bleibt stur. Er ist so sicher, dass Guanyin ihn retten wird, dass er, nachdem er ertrunken und in die nächste Welt eingetreten ist, den Geistern Vorhaltungen macht, warum Guanyin ihn nach einem Leben des selbstlosen und engagierten Gebets und der Verehrung für sie, die die Rettung aller empfindungsfähigen Wesen gelobt habe, in der schweren Stunde vergessen habe.

„Was meinst du mit ‚vergessen'?", antwortet einer der Geister. „Hat sie dir nicht zwei Boote und einen Hubschrauber mit Menschen geschickt, die dich retten sollten?"

Es gibt mehr als nur eine Moral in dieser Geschichte: dass die göttliche Vorsehung in vielerlei Gestalt erscheinen kann; dass wir in der uns umgebenden Gemeinschaft selbst Beispiele für heilige Taten finden; dass wir nicht auf Wunder warten sollen, wenn vielleicht menschliche Fähigkeiten ausreichen; oder dass wir dumm wären, wenn wir eine mit Händen zu greifende Möglichkeit zugunsten der höchst unwahrscheinlichen Eins-zu-einer-Million-

Chance ausschlagen würden. Damit sind wir auch schon bei dem dritten zentralen Wert des Green Belt Movement angelangt: der Selbsterkenntnis. Die Art des Glaubens, die wir an dem Anhänger Guanyins gesehen haben, ist nicht nur für den Einzelnen überaus schädlich. Durch die Menschen, die ihre eigene Handlungsfähigkeit nicht erkennen wollen, während sie auf die Rettung durch jemand anderes warten – in diesem oder dem nächsten Leben –, leistet sie auch einer fatalen Selbstentmachtung der Gemeinschaften Vorschub.

Eine besorgniserregende Folge dieser Selbstentmachtung besteht darin, dass Autoritätspersonen (einschließlich der Geistlichen) diese Passivität zu ihren eigenen Gunsten ausnutzen können. Weil die Gläubigen ihren religiösen Oberhäuptern vertrauen, tragen diese sogar noch mehr Verantwortung. Deshalb würde ich mir wünschen, dass die erdrückenden Beweise für gravierende ökologische Probleme – zu denen auch der Klimawandel zählt – dazu führen, dass jeder Prediger, Imam, Rabbi, Guru, Sensei oder Pfarrer der Gewissheit über die Geschehnisse nach unserem Tod ebenso viel Aufmerksamkeit widmet wie der Erhaltung der Erde und unserer eigenen Verantwortung für das Überleben der Ökosysteme unseres Planeten. Wir sind eben nicht einfach nur „auf der Durchreise", wie es im Lied „This World Is Not My Home" heißt. Denn wenn wir am Ende dahinscheiden, hinterlassen wir diesen Planeten unseren Kindern und Enkeln.

Wie erfrischend und ermutigend wäre es, wenn man beim Betreten einer Kirche, Moschee oder eines anderen Gebetsraums von den Menschen erfahren würde, dass sie inspiriert wurden, ihre Lebens- und Arbeitsbedingungen zu verbessern und dafür zu sorgen, dass die natürlichen Ressourcen verantwortungsvoll und gerecht verwendet werden! Wie sehr würde es uns beflügeln, von Religionsführern zu hören, die ihren Gemeinden und Gemeinschaften überall im Kongo erklärten, dass ihre Bäume einen Wert haben, der über das hinausgeht, was ihnen die Holzunternehmen, Händler und Regierungsvertreter erzählen. Und dass sie tatsächlich schützen *können*, was Gott ihnen gegeben hat, und es nicht zu Holzkohle verwandeln müssen!

Leider lastet auf vielen christlichen Kirchen ein historisches Erbe, durch das sie Veränderungen gegenüber sehr negativ eingestellt sind. Im 18. und 19. Jahrhundert wurde der Reichtum auf den im kirchlichen Besitz befindlichen Plantagen in der Karibik durch Menschenhandel und Sklavenarbeit erzielt. In ganz Afrika arbeiteten im 19. und 20. Jahrhundert die Missionare mit den Kolonialmächten gemeinsam daran, das Selbstvertrauen der Einheimischen zu untergraben. Die Kirchen als Institutionen zogen enormen finanziellen Nutzen aus dem Eigentum an Grund und Boden. Einige von ihnen besitzen immer noch ganze Landstriche und verfügen über große Vermögen. In vielen afrikanischen Ländern lässt sich die Politik der Bodennutzung nicht zugunsten der Armen verändern, ohne kirchlichen Organisationen große Gebiete unter Zwang wegzunehmen.

Gewiss sind die Gemeinden für viele ihrer Mitglieder angesichts der Probleme, die sie in ihrem Leben zu bewältigen haben, wirklich Orte des Zuspruchs und der Hoffnung inmitten der Hoffnungslosigkeit. Insbesondere armen und entrechteten Menschen kann die Gemeinde wertvollen spirituellen und seelischen Trost spenden. Aber die Gemeinden können für solche Menschen auch zu einer großen Last werden. In Kenia stehen viele Gemeindemitglieder auf dem Land sonntags sehr früh auf, nehmen zum Frühstück nur eine Tasse Tee zu sich und machen sich dann zu Fuß auf den Weg zur Kirche, der ziemlich lang sein kann. Der Gottesdienst kann durchaus vier Stunden dauern, auch wenn viele Gemeindemitglieder noch sehr jung oder schon sehr alt sind und die meisten von ihnen den ganzen Tag lang noch nichts gegessen haben. Zudem wird von den Gemeindemitgliedern erwartet, dass sie mindestens einmal, manchmal aber auch mehrfach etwas in die Kollekte geben. Häufig heißt es, dass sie das von ihnen gespendete Geld in Form von Wohltaten oder gar Reichtum von Gott zurückbekommen. Statt „Steh auf und geh!" lautet die Botschaft: „Steh auf und zahle!"

Im Laufe der Jahrhunderte hat es immer wieder Klagen über die Gier und die Verderbtheit religiöser Institutionen gegeben. Das trifft weder nur auf Afrika noch allein auf das Christentum zu. Trotzdem ist es deprimierend, wenn die Kirchen anscheinend Partei für die Mächtigen und gegen die Machtlosen ergreifen und wenn sie von den Armen mehr Geld fordern, als diese aufbringen können. Auch Jesus selbst lag im Streit mit religiösen Autoritäten, die mehr an ihrem eigenen Ruf und der Zurschaustellung von Frömmigkeit interessiert waren, als dass sie sich um das spirituelle Leben der Mühseligen und Beladenen gesorgt hätten. Aber es bleibt traurig, wenn eine Institution, in die so viele Menschen ihre letzte Hoffnung und ihr Vertrauen setzen, mehr fordert, als die Menschen es sich leisten können, und sie weiterhin im Stich lässt.

Vielleicht sollte die Kirche sich stärker dabei engagieren, die Wahrnehmung der Gemeindemitglieder zu schärfen und ihr Bewusstsein zu bilden, statt von ihnen mehr zu erbitten, als sie geben können. Beim Schutz von Gottes Schöpfung sollten die Religionen heute Vorreiter sein. Es wäre zu hoffen, dass die religiösen Autoritäten erkennen, dass das, was wir als „Himmel" bezeichnen (einen paradiesischen Zustand, in dem die Last des Lebens leichter ist) und auch die „Hölle" (wo diese Last unerträglich groß ist) bereits existiert, und dass es in unserer Verantwortung liegt, den Himmel zu schaffen und die Hölle auf Erden einzudämmen.

Doch manchmal scheint es, als sei genau das Gegenteil der Fall: Religionsführer fördern Handlungsweisen, die der Erde und den Menschen noch mehr Wunden zufügen. Es kann beispielsweise geschehen, dass eine arme Kenianerin den letzten Baum auf ihrem Land abholzt und zu Holzkohle verbrennt, weil sie dadurch etwas mit materiellem Wert erlangt, das sie der Kirche am nächsten Sonntag geben kann. Vielleicht wartet sie auch darauf, dass ihr einziges Huhn sein letztes Ei legt, damit sie es als Gabe mitnehmen kann, auch wenn sie oder ihre kleinen Kinder es nötiger hätten als der Pfarrer.

Früher hatten diejenigen, die in den traditionalen Kulturen (wie in meiner Kikuyu-Gemeinschaft) zwischen der Welt der Menschen und der göttlichen Welt vermittelten, eine ganz andere Beziehung zu ihrer Gemeinde. Sie arbeiteten selbst für ihren Lebensunterhalt und ließen sich nicht von ihren Mitbürgern aushalten, von denen gar nicht erwartet wurde, dass sie ihren Priester unterstützten. Die Ältesten bestimmten, was Gott geopfert werden sollte (beispielsweise eine Ziege), und der Älteste, dem dieses auserwählte Tier gehörte, schätzte sich glücklich. Die Ältesten zahlten nicht für die Ziege; eher wurde dies als ein Weg angesehen, wie der „auserwählte" Älteste sich gegenüber Gott erkenntlich zeigen konnte. Auf die Frage, warum die Geistlichen oder Kirchenältesten nicht selbst für ihren Lebensunterhalt sorgen können – durch eine reguläre Arbeit oder zumindest indem sie Vieh hielten oder Ackerbau trieben, statt darauf zu bauen, dass die Gläubigen sie versorgten –, antworten manche Priester heute leider: „Unsere Arbeit besteht im Predigen." Wie kann eine Vollzeitbeschäftigung darin bestehen, jeden Tag zu reden? Mit Sicherheit ist etwas falsch an dieser Vorstellung von Gott und der Kirche, wenn gesunde und kräftige Männer und Frauen sich damit zufriedengeben, dass ihre häufig bitterarmen Gemeindemitglieder sie unterstützen.

Man muss sich fragen, auf welche spirituellen Ressourcen man zurückgreifen könnte, um den Mut und die Stärke aufzubringen, sich gegen etwas zur Wehr zu setzen, das einem falsch erscheint. Vielleicht muss das eigene Bewusstsein eine bestimmte Ebene erreichen, damit man keine Ruhe mehr findet, wenn etwas anscheinend Ungerechtes geschieht. Genau durch dieses Bewusstsein kann man auch eine Lösung finden, ohne dass man sich dabei überfordert. Dann hat man die Kraft zum Handeln und nach und nach zeichnet sich ab, was man unternehmen kann.

Bei den meisten Aktivisten ist es nicht so, dass sie schon morgens nach dem Aufstehen ein klares Konzept haben, an dem sie sich jeden Tag wieder orientieren. Die meisten lernen zunächst, dann arbeiten sie, lernen noch mehr, lassen sich inspirieren, und wenn sie Glück haben, werden sie von ihrer Umgebung ermutigt. Man kann nicht immer voraussehen, was einen anregen wird, was das eigene Bewusstsein auf die nächste Ebene hebt, oder auf welche Weise dieses Bewusstsein andere Menschen inspirieren wird. Ein wichtiger Teil der Bewusstwerdung kann schlicht darin bestehen, dass man zunächst anerkennt, dass es ein Problem gibt.

Ein weiterer wichtiger Aspekt ist die Konzentration. Als ich etwa acht oder neun Jahre alt war, ertappte ich meine Mutter einmal dabei, wie sie vor sich hin auf den Boden blickte, auf nichts Besonderes, was ich hätte erkennen können. Mir war nur klar, dass sie sehr konzentriert war, und zwar so sehr, dass sie scheinbar nicht einmal bemerkte, dass ich direkt neben ihr saß und sie voller Neugier beobachtete. Ich sah genau auf den Punkt, auf den auch sie blickte, und versuchte mich so zu konzentrieren wie sie. Doch jedes Mal, wenn ich zu ihr aufsah, betrachtete sie immer noch den gleichen Punkt. Mit meiner Konzentration haperte es natürlich. Bald ging ich weg, um mich mit etwas Interessanterem zu beschäftigen, und ich vergaß meine Mutter und ihren Zustand. Als Erwachsene habe ich mich allerdings oft an diesen Moment erinnert, wenn ich mich selbst dabei ertappt habe, wie ich mich so stark konzentrierte, dass ich nichts mehr von dem sah oder hörte, was um mich herum geschah. So einen Zustand kann man nicht einfach bewusst erzwingen, sondern er widerfährt uns aufgrund der Intensität unserer Erfahrungen. Als Kind gab es nicht wirklich etwas, auf das ich mich so intensiv hätte konzentrieren können. Als Erwachsene allerdings habe ich den Eindruck, dass es viel gibt – fast *zu viel* –, das meine volle Aufmerksamkeit fordert.

Wenn wir über Selbsterkenntnis und Weiterentwicklung nachdenken – also über die Fähigkeit, unsere Talente zu nutzen und etwas in unserem Leben und im Leben der Menschen um uns herum zu bewegen –, dann verknüpfen wir damit oft die Worte „Berufung“ oder „Mission“. Diese Begriffe beziehen sich auf das spirituelle Leben; das ist auch angemessen, weil sie für eine Bestimmung stehen, die über unser unmittelbares Eigeninteresse hinausgeht.

Manchmal werde ich gefragt, was ich Menschen raten würde, die orientierungslos sind und nach einer Bestimmung oder Mission für ihr Leben suchen und sich gerne für die Umwelt engagieren würden. Sie sorgen sich vielleicht um die Erde, haben aber bisher noch keinen Weg gefunden, etwas zu unternehmen. Sie zweifeln an ihren Fähigkeiten, oder aber sie wissen nicht, auf was sie sich konzentrieren sollen: auf den Klimawandel, das Artensterben, den Trinkwassermangel, die Abholzungen, die Ausbreitung der Wüsten, die Umweltverschmutzung durch die Industrie, den übermäßigen Konsum und die Verschwendung, die Korallenbleiche, oder auf den Mangel an Grünflächen in den Stadtzentren – um nur einige Beispiele zu nennen.

Ich rate ihnen dann, nicht zu verzweifeln. Auch wenn man noch nicht den richtigen Schwerpunkt gefunden hat, auf den man seine Energien konzentrieren kann, sollte man mit dem, was man tut, weitermachen – aber man sollte es mit mehr Leidenschaft tun. Diese Leidenschaft kann dazu führen, dass man entdeckt, was wirklich in einem steckt, und sie kann einen zu der Sache bringen, die man wirklich tun und der man sich mit genau dieser Intensität verschreiben will. Wie ich bereits angemerkt habe, muss die Aufgabe, die sich so herauskristallisiert, nicht unbedingt groß sein. Können Sie sich in Ihrer Stadt- oder Gemeindeverwaltung dafür einsetzen, dass mehr Freiflächen für Spielplätze und Parks geschaffen werden? Können Sie sich für mehr Fahrradwege und breitere Bürgersteige einsetzen, damit die Menschen dazu ermutigt werden, sich mehr zu bewegen und ihr Auto stehen zu lassen? Können Sie Ihren Schulen vorschlagen, ihr Essen auf gesündere Lebensmittel umzustellen, die von Landwirten aus der Region produziert werden? Vielleicht können Sie anregen, dass Lehrer und Kinder öfter den Klassenraum verlassen und mehr über die Natur lernen, indem sie Beete im Schulgarten anlegen, Abfall sammeln oder untersuchen, wie Tiere in ihrem natürlichen Umfeld leben? Was spricht dagegen, von sich aus den Abfall in einem nahegelegenen Stadtviertel einzusammeln oder in der Schule vor Ort Vorträge darüber zu halten, warum Ihrer Meinung nach die Umwelt wichtig ist? Warum beobachten Sie nicht Vögel und lauschen auf ihren Gesang, sehen sich Spinnweben an Zweigen an oder hören dem Fließen des Wassers in einem nahen Bach zu?

Wenn man dasitzt und auf Inspiration wartet, wie ich es als Kind tat, als ich meine Mutter beobachtete, mag vielleicht nichts passieren. Wenn Sie aber beharrlich weiterarbeiten, dann wird sich etwas ergeben. Es ist wichtig, dass Sie herausfinden, was Sie inspiriert. Das hilft Ihnen dabei, aus einem – wie ich es nenne – „unbeweglichen Zustand" in einen aktiven Zustand zu gelangen. Ab und zu muss man aus seiner Wohlfühlecke herauskommen, um etwas von Menschen oder Problemen zu erfahren, die weit weg sind vom eigenen Leben. Manchmal allerdings muss man auch eine Auszeit nehmen, um Abstand zu gewinnen und wieder neue Kräfte zu sammeln, bevor man einen weiteren Schritt nach vorne für sich selbst und für die Erde gehen kann.

Tatsächlich braucht unser Geist hin und wieder eine Ruhepause. Selbst Flüsse, die mit der Wucht einer Sturzflut schäumen können, fließen, wenn sie Sumpfgebiete erreichen, ganz langsam und im Kreise. Wenn sie so herumstrudeln, dann fließt das Wasser auch in Kanäle und füllt unterirdische Speicher. Es mag den Anschein haben, als ob der Fluss nur vor sich hin mäandert und schon fast nicht mehr fließt, doch Sumpfgebiete können sehr fruchtbar sein, und es gibt in ihnen viel Leben und sauberes Wasser. So ist es auch mit Momenten der Besinnung. Geben Sie sich die Zeit zum Nachdenken und zur Neuorientierung; lassen Sie es zu, dass Ihre Energiereserven aufgetankt werden, indem Sie Zeit in der Natur verbringen. Dazu brauchen Sie nicht mal unbedingt einen besonderen Rückzugsort. Vielleicht haben Sie manchmal das Gefühl, dass Sie sich in einem Wald oder einer Höhle verkriechen sollten, aber vielleicht tut es auch ein Park oder ein Flussufer, an dem Sie sitzen können. Eigentlich kann alles unsere Aufmerksamkeit wecken: ein Vogel, eine Frucht an einem Baum, eine Blume, das Fließen des Wassers, einfach nur still zu sein. Es ist wohltuend, dass überall Leben ist.

Wenn es Ihnen nicht möglich ist, Zeit in der Natur zu verbringen, können Sie vielleicht Urlaub nehmen, einen Film sehen, einen Freund oder eine Freundin besuchen oder sich ehrenamtlich engagieren. Man kann zu sich selbst finden und auch die Quelle der eigenen Kreativität entdecken, wenn man den Strom der Reize und der Geschäftigkeit unterbricht. Selbst wenn Ihr Geist erschöpft ist, können Sie vielleicht eine solche Inspiration finden, indem Sie ein Buch lesen. Es ist, als ob der Verfasser direkt zu Ihnen spricht und Ihre Aufmerksamkeit auf sich zieht. Und wenn Sie in Gedanken immer wieder von den Seiten abschweifen, legen Sie das Buch einfach hin und machen einen Spaziergang – in die Richtung, in die Sie der Geist führt.

Wenn Sie die Arbeit gefunden haben, die Sie tun sollen, dann wird sie Sie derart ausfüllen, dass Sie den Eindruck bekommen mögen, für nichts anderes mehr Zeit zu haben. Ihre Bestimmung wird Sie mit sich ziehen, durch schwierige Zeiten hindurch, und sie wird Ihnen eine Stärke zum Überwinden von Hindernissen verleihen, von der Sie nicht geglaubt hätten, dass Sie sie besitzen. Allerdings können Sie nicht andauernd nach Ihrer Bestimmung Ausschau halten und erwarten, dass Sie sie finden. Sie muss aus Ihrem tiefsten Inneren kommen – aus Ihrer eigenen *Quelle* –, auch wenn sie durch äußere Ereignisse, Umstände, Erkenntnisse oder dringende Erfordernisse hervorgelockt werden kann. Und wahrscheinlich schöpft Ihre Bestimmung aus der Quelle eines anderen zentralen Wertes: Aus dem Bedürfnis danach, zu dienen und etwas zurückzugeben.

9. Die Bereitschaft zu dienen

DIE BEREITSCHAFT ZU dienen ist der letzte wichtige Wert, der für die Arbeit des Green Belt Movement von großer Bedeutung ist. Sie ist der Schlüssel für die spirituelle und ökologische Erneuerung, für die wir uns einsetzen. Wer bei den Organisationen des Green Belt mitarbeitet, erhält nur eine geringe Anerkennung für das Pflanzen und die Pflege der Bäume. Es ist auch nicht gedacht, dass man dafür ein Gehalt oder eine Entlohnung erhält; wir möchten, dass sich die Menschen von Werten motivieren lassen, die nichts mit Geld zu tun haben. Wir wünschen uns, dass sie ihre Zeit, ihre Energie und ihre Ressourcen einbringen, ohne eine materielle Entschädigung zu erwarten. Ihre Belohnung ist, dass sie Anteil an etwas haben, das über sie hinausgeht.

In spiritueller Hinsicht wachsen unsere Zufriedenheit und unser Glück, wenn wir unsere Gier kontrollieren können und eine innere Disziplin entwickeln, mit der wir die Habgier und die Selbstsucht zügeln, der wir allzu leicht zum Opfer fallen. Wir verlieren so auch das Gefühl des „Un-Wohlseins", in dem vielleicht der Grund dafür liegt, dass so viele verzweifelte – und beunruhigenderweise meist junge – Menschen meinen, sich mit Tabletten, Zigaretten, Drogen oder Alkohol kurieren oder betäuben zu müssen.

Ein Aspekt des Dienens, der mir persönlich sehr am Herzen liegt, ist das Prinzip der dienenden Führung. In

The Challenge for Africa habe ich einige Menschen vorgestellt, die sich der Aufgabe verschrieben haben, alle Mitglieder ihrer Gemeinschaft unabhängig von ihrem gesellschaftlichen oder wirtschaftlichen Status in ihrer Entwicklung zu unterstützen, und die dadurch ihrer Gemeinschaft halfen. Diese Art der Führung zeigt sich sicher auch im Wirken von Propheten und Heiligen. Jesus etwa lebte das Dienen beispielhaft vor. Er stellte sich selbst und seine Botschaft in den Dienst der Menschen, die am Rande seiner Gesellschaft standen: Arme, Ausgestoßene, Frauen und Bettler. Was Jesus tat, war das Gegenteil der „Selbst-Bedienung", und anders als eine räuberische, egoistische Führung, die die Schwächen ihrer Anhänger ausbeutet, ließ seine Führung auch keine Opfer zurück.

Selbstloses Dienen ist die Basis für vieles von dem, was wir an den Menschen bewundern, die uns als Vorbilder der Menschlichkeit erscheinen. Diese Menschen sind nicht nur vorbildhaft im Hinblick auf ihre eigene Selbstermächtigung, sondern auch in der Art, wie sie andere Menschen für ein Handeln zugunsten des Gemeinwohls motivieren. Solche Vorbilder lassen sich in der Politik finden (wie beispielsweise Nelson Mandela, der Tansanier Julius Nyerere oder die Anführer der kenianischen Freiheitskämpfer, von denen Dedan Kimathi Waciuri am bekanntesten ist), in den Bewegungen für Bürger- und Menschenrechte (Mahatma Gandhi, Martin Luther King und andere, frühere Vorreiter im Kampf gegen Sklaverei und Kolonialismus), oder unter denen, die sich für die Würde der Armen und Landlosen eingesetzt haben (Dorothy Day vom *Catholic Worker Movement*, Mutter Theresa aus Kalkutta oder der brasilianische Umweltaktivist und Gewerkschaftsführer Chico Mendes, der 1988 umgebracht wurde).

Eine solche Hingabe erkenne ich auch bei Erzbischof Oskar Romero aus El Salvador, der 1980 ermordet wurde, weil er sich öffentlich für die Opfer des Bürgerkriegs in seinem Land einsetzte; bei Pater Jerzy Popieluszko, der 1984 entführt und ermordet wurde, weil er die polnische Gewerkschaft Solidarnosc unterstützt hatte; oder bei der amerikanischen Nonne Dorothy Stang, die 2005 in Brasilien ermordet wurde, als sie sich für die Rechte der Landlosen und den Schutz des Regenwaldes einsetzte. Aung San Suu Kyi aus Myanmar, die wie ich mit dem Nobelpreis ausgezeichnet wurde, finde ich ebenfalls sehr inspirierend. Sie setzt sich beharrlich für Gerechtigkeit ein, obwohl ihr selbst grundlegende Menschenrechte vorenthalten werden. All diese Menschen haben es durch die Kraft ihres Beispiels – für das einige von ihnen sogar ihr Leben lassen mussten – anderen Menschen ermöglicht, sich an ihnen ein Vorbild zu nehmen und selbst Außergewöhnliches zu leisten.

Wenn wir vor große Herausforderungen gestellt sind, wäre es gut, wenn wir uns solcher Heldinnen und Helden und ähnlicher Menschen erinnern, die sich in den Dienst ihrer Mitmenschen gestellt haben, und an die von ihnen durchgestandenen Kämpfe. Viele dieser Menschen hat ihr Glaube motiviert. Als ich in den 1960er-Jahren in den USA studierte, versuchte die wohlhabende Nachkriegsgesellschaft mit der seit Langem andauernden Ungerechtigkeit von Rassendiskriminierung und Rassentrennung fertigzuwerden. Führer der Bürgerrechtsbewegung wie Martin Luther King, Ralph Abernathy oder Joseph

Lowery von der Southern Christian Leadership Conference griffen für ihren Ruf nach Freiheit und Gleichheit für die Unterdrückten und Entrechteten auf altbekannte religiöse Themen wie etwa auf die Exodus-Erzählung von der Flucht der Israeliten vor der Sklaverei zurück; sie nutzten dafür aber auch die bestehenden Zusammenschlüsse der Kirchen von Schwarzen. Der Erfolg dieser schwarzen Helden in den USA wirkte im Gegenzug auch inspirierend für eine neue Generation afrikanischer Führer in der afrikanischen Diaspora. Den Menschen dort wurde bewusst, dass auch sie sich vom Kolonialismus und von der Diskriminierung auf ihrem Kontinent und in ihrer Region befreien konnten.

Mehr als fünf Jahrzehnte nach den Anfängen dieser Arbeit wird leicht vergessen, wie radikal und verstörend Martin Luther Kings Ruf nach Gerechtigkeit war. Er forderte nicht einfach nur die Wiedergutmachung des Unrechts, das farbigen Menschen zugefügt worden war. Teil seiner Botschaft war auch eine Verpflichtung zur Solidarität mit den Armen jeglicher Hautfarbe und aller Länder. Ich habe selbst gesehen, wie ganz normale Menschen durch diese Botschaft inspiriert wurden und wie sie ihre Menschenwürde trotz Beschimpfungen, Kampfhunden, Wasserwerfern, Polizeiknüppeln, Bombenanschlägen und Morden wahrten, indem sie sich in hohem Maße auf ihren Glauben stützten. Hier fand ich ein Beispiel dafür, wie Anführer und ganz normale Menschen sich gemeinsam für das Wohl ihrer Gemeinschaft und das Wohl zukünftiger Generationen einsetzten.

Ich nahm diese Inspiration mit zurück nach Kenia und ich griff im Kampf unseres eigenen Volkes gegen das

Unrecht auf die Erfahrungen der amerikanischen Bürgerrechtsbewegung zurück. Auch in unserem Kampf haben gläubige Menschen eine große Rolle gespielt. Etliche Geistliche haben sich zusammen mit dem Volk gegen mächtige Interessen gestellt und sich gegen Inhaftierungen, Folter, Vertreibung oder den Mord beziehungsweise die unrechtmäßige Tötung von Gegnern des autokratischen Regimes ausgesprochen. Alle diese Führer waren erheblichen Gefahren für Leib und Leben ausgesetzt und setzten ihre Positionen aufs Spiel. Zu ihnen zählten Erzbischof Ndingi Mwana'a Nzeki, der mittlerweile emeritierte katholische Erzbischof von Nairobi, der anglikanische Bischof Alexander Kipsang Muge und Pfarrer Timothy Njoya von der Presbyterianischen Kirche von Ostafrika. Im Jahr 1992 gewährte Pfarrer Peter Njenga, der damals Probst der anglikanischen All Saints Cathedral in Nairobi war, mir und Müttern politischer Gefangener Zuflucht in der Krypta der Kathedrale. Später war Pfarrer Njenga einer der wenigen Priester, die sich dem Aufruf des Green Belt Movement zum Pflanzen von Bäumen am Ostermontag anschlossen.

Einige dieser Menschen zahlten für ihren selbstlosen Einsatz einen hohen Preis. Pater John Kaiser, ein Priester aus Minnesota, wurde im Jahr 2000 von unbekannten Attentätern im kenianischen Morendat ermordet. Er hatte nicht nur angeprangert, dass die Regierung ethnisch motivierte Gewalt schürte, sondern er hatte auch zwei jungen Frauen Zuflucht gewährt, die behaupteten, von einem Minister vergewaltigt worden zu sein. Als Pater Kaiser an die Regierung appellierte, den Frauen zu helfen, stürmte die Polizei stattdessen die Büros, in denen die Frauen Schutz gesucht hatten. Er wurde durch einen Kopfschuss getötet und seinen Leichnam warf man an einen Straßenrand.

Zehn Jahre zuvor war Bischof Muge gewarnt worden, dass er um sein Leben fürchten müsse, wenn er weiterhin die Methoden der Regierung verurteilte, etwa das Anzetteln einer Reihe von tödlichen Zusammenstößen zwischen ethnischen Gruppen. Der Arbeitsminister verkündete öffentlich, dass Muge dessen westkenianischen Wahlbezirk Busia, in dem die Gewalt tobte, „womöglich nicht mehr lebend verlassen würde", wenn er dorthin fahren würde. Muge hörte nicht auf diese Warnung. Auf seinem Rückweg von Busia stieß sein Auto mit einem Milchlaster zusammen – ein tödlicher „Unfall", wie er vielen Oppositionellen und engagierten Bürgern und Verteidigern der Menschrechte während dieser dunklen Phase der kenianischen Geschichte zustieß.

Diese und viele andere Menschen – Geistliche wie Laien –, die hier nicht alle genannt werden können, handelten aus innerem Großmut und wurden in ihrem Tun durch den Glauben an eine Kraft bestärkt, die über ihre eigene hinausging. Sie übernahmen Aufgaben für die ganze Gemeinschaft und setzten sich für mehr ein als nur für ihren eigenen materiellen Profit oder ihre gesellschaftliche Einflussnahme. Sie setzten sich für das Allgemeinwohl ein, weil sie das Dienen als Wert ansahen. Überall auf der Welt gibt es zahllose Menschen wie sie. Es hat sie nicht nach Anerkennung gedrängt, und sie waren nicht auf Beifall oder Schlagzeilen aus. Häufig nimmt noch nicht einmal jemand von ihnen Notiz. Sie kommen, sie dienen, und sie gehen wieder.

Neben der Bürgerrechtsbewegung wurde ich auch durch die Befreiungstheologie inspiriert, in der sich ebenso der Wert des Dienens verkörpert. Diese christliche Strömung entstand in den 1960er-Jahren. Manche Quellen schreiben ihr Entstehen Gustavo Gutiérrez Merino zu, einem Dominikanerpriester aus Peru mit indigenen (Quechua-) Wurzeln. Er entdeckte in der Bibel eine „vorrangige Option für die Armen". Dieses Prinzip wurde 1986 von lateinamerikanischen Priestern formuliert und von Gutiérrez bereits 1973 in seinem Buch *Theologie der Befreiung* bekannt gemacht. Darin heißt es, dass auch Jesus sich für die armen und randständigen Menschen der Gesellschaft eingesetzt und für sie Partei ergriffen habe.

Für die Befreiungstheologie galt die Armut selbst als Sünde, und Befreiungstheologen erklärten, dass die Kirche die Gläubigen in vielerlei Weise gefangenhielte, indem sie politischen und wirtschaftlichen Systemen diene, die die Armen ausbeuteten und entmenschlichten. Priester erhoben die Forderung, dass die Regierungen für ihre Handlungen zur Rechenschaft gezogen werden sollten und dem Leben der Armen, die selbst so wenig Einfluss darauf nehmen können, wie ihre Gesellschaften organisiert und geführt werden, mehr Beachtung schenken müssten. Befreiungstheologen und Ordensmitglieder erklärten zudem, dass die Kirche die Menschen dabei unterstützen solle, sich von unterdrückenden Strukturen zu befreien. Sie sollte sie im Glauben an ihr Recht und ihre Fähigkeiten zur Verbesserung ihrer Verhältnisse bestärken. Normale Menschen sollten dazu ermächtigt und ermutigt werden, die politischen und wirtschaftlichen Verhältnisse – unter denen ein großer Teil der Ressourcen nur wenigen Menschen gehört und die Masse der Menschen arm bleibt – nicht als gottgewollt hinzunehmen.

Die Befreiungstheologie war umstritten; hauptsächlich deshalb, weil ihre Kritiker ihr Interesse an sozialer Gerechtigkeit und den gesellschaftlichen und politischen Bedingungen, unter denen die Armen arbeiteten, mit einer marxistischen Ideologie in Verbindung brachten, die einer Umverteilung des Besitzes oder gar einer Revolution Vorschub leisten würde. Ich allerdings war von diesen Ideen fasziniert und fand sie sehr anregend – nicht zuletzt deshalb, weil hier betont wurde, dass die einfachen Leute sich zusammentun müssten, um Lösungen für ihre Probleme zu finden, und weil sie das in einer Weise tun sollten, die ein Gemeinschaftsethos beförderte. Ich dachte, dass dies eine gute Möglichkeit wäre, auf gewaltlose Weise auf Ungerechtigkeit zu reagieren, und es schien mir im Einklang mit der prophetischen Tradition zu stehen, die Mächtigen mit der Wahrheit zu konfrontieren. Gleichzeitig würde so echter Friede vorangetrieben, der auf der Gleichheit aller basiert.

Obwohl die Priester, die sich für die Befreiungstheologie aussprachen, von der Kirche sanktioniert wurden, befürworteten einige Priester und Gemeinden in Lateinamerika auch weiterhin die befreiungstheologischen Grundgedanken. Inzwischen hat es in Lateinamerika auch Verbesserungen in der Regierungsführung und bei der Besitzverteilung gegeben. Viele Gesellschaften in der Region haben die Zustände der 1970er- und 1980er-Jahre hinter sich gelassen, deren Kennzeichen Diktaturen, staatliche Gewalt, die Verletzung der Menschenrechte und große Ungleichheit waren, und sie verzeichnen Fortschritte bei der Armutsbekämpfung und bei der Unterstützung für die Weiterentwicklung der Menschen. Möglicherweise ist das zumindest teilweise auf die Werte zurückzuführen, für die die Befreiungstheologie steht.

Natürlich gibt es weiterhin Ungerechtigkeit und Armut. Jede Generation muss sich damit auseinandersetzen, warum es sie gibt und wie man gegen sie angehen kann. Ebenso setzen sich die Religionen seit ihren Anfängen damit auseinander, wie gläubige Menschen sich zu den politischen und wirtschaftlichen Strukturen der Gesellschaften stellen sollen, in denen sie leben. Jesus sagte seinen Jüngern, dass er nicht allezeit bei ihnen sein würde, dass dies aber für die Armen gelten würde (Matthäus 26,11), und dass sie ihre weltlichen Aufgaben von ihren Glaubensverpflichtungen trennen sollten (Matthäus 22,21). Jesus hätte allerdings von den weltlichen und religiösen Institutionen erwartet, dass sie versuchen, Armut und Not zu lindern und daran arbeiten, dass sie ein für alle Mal verschwinden. Das Elend, der Schmerz und der wirtschaftliche Stillstand, unter denen viele Arme leiden – besonders in Afrika, wo das Christentum sehr großen Zuwachs erhält –, sollte den religiösen und den politischen Führern gleichermaßen zusetzen. Der Glaube, dass alle Anführer von Gott gesegnet sind, ist der Befreiungstheologie fremd. Wie sollte es denn möglich sein, fragen ihre Anhänger, dass Gottes Segen auch auf Mördern oder Folterern liegt?

Ich gebe die Hoffnung nicht auf, dass Religion auch in Afrika, vor allem südlich der Sahara, befreiende Erfahrungen vermittelt. Einige Priester und andere gläubige

Menschen in Afrika stimmen dem Grundsatz der „vorrangigen Option für die Armen“ zu, und sie kämpfen weiter gegen die Passivität an, zu der sich viele afrikanische Christen verpflichtet fühlen. Wenn ich mir die Nonnen und Priester vor Augen halte, die uns auf unserem Weg der Veränderung vorangegangen sind, dann erkenne ich, dass sie sich für das Dienen engagierten, ein Leben für andere führten und für das gemeinsame Wohl arbeiteten. Ihr Licht scheint überall dort, wo es auf Erden gläubige Männer und Frauen guten Willens gibt.

Wie können die christliche Spiritualität und die Bereitschaft zu dienen in der Sorge um die Erde Gestalt annehmen? Da das Christentum in der Vergangenheit eine Allianz mit der Kolonisierung und der Ausbeutung vieler Regionen der Erde eingegangen ist, ging auch die politische Herrschaft der Mächtigen gerne Hand in Hand mit der Herrschaft über die Erde, statt dass sie sich als ihr guter Verwalter verstanden hätte. Dem haben sich in der Geschichte des Christentums einige Menschen entgegengestellt: Franziskus von Assisi (1182–1226), der Gründer des Franziskanerordens, sorgte sich nicht nur um die Umwelt und um die anderen Geschöpfe, die mit uns auf Erden leben, sondern er war auch ein früher Befürworter des interreligiösen Dialogs. Gemeinsam mit Klara von Assisi (1194–1253), der Gründerin der Klarissen, diente Franziskus anderen Menschen und setzte sich vor allem für die Armen ein. Klara und er stammten aus privilegierten Familien, doch statt ihre Stellung und ihren Wohlstand zu ihren eigenen Gunsten zu nutzen, führten sie ein Leben des Dienens. Sie und andere Heilige, von denen ich in meiner Kindheit hörte, setzten sich für die Armen ein – in einer Zeit, in der das nicht so leicht war (wobei man fragen könnte, ob es jemals leicht war).

Parallel zur Entstehung der Befreiungstheologie haben christliche Theologen versucht, das in ihren Augen vergessene Ethos der Fürsorge für die Schöpfung und der ökologischen Gerechtigkeit wiederzuentdecken, das sich durch die Überlieferung zieht. Zu den einflussreichsten und wichtigsten Stimmen, die sich für ein stärkeres christliches Umweltbewusstsein einsetzen, gehörte der vor kurzem verstorbene amerikanische Passionisten-Priester Thomas Berry (1914–2009). Auf Berry geht der Entwurf der „Neuen Schöpfungsgeschichte" zurück, in der die Menschen wechselseitige Beziehungen mit der Erde und miteinander eingehen, statt einander und die Schöpfung zu unterdrücken und auszubeuten. „Das Universum ist eine Gemeinschaft von Subjekten und keine Ansammlung von Objekten", erklärt Berry, und die Erde sei ein gemeinsamer Besitz, auf dem „jedes einzelne Lebewesen von jedem anderen Lebewesen der Erdengemeinschaft unterstützt wird. Im Gegenzug leistet jedes Lebewesen einen Beitrag zum Wohlergehen jedes anderen Lebewesens der Gemeinschaft".[22]

Als ich Berry zum ersten Mal sprechen hörte, war ich begeistert. Endlich gab es einen Priester an der Spitze der Umweltbewegung! Ich hatte mich immer darüber beklagt, dass die Ordensleuten größtenteils keine Vorreiter waren, wenn es um die Sensibilisierung für die Bedeutung der Umwelt ging, sondern dabei eher die Nachhut bildeten.

Durch die Arbeiten Berrys und anderer sowie aufgrund des wachsenden Bewusstseins für die zentrale Bedeutung der Erde für den Fortbestand der Menschen und für die Gefahren, denen sie ausgesetzt ist, wurde das Thema von den verschiedenen christlichen Konfessionen nicht mehr komplett ignoriert. Der Ökumenische Rat der Kirchen hat beispielsweise seit Jahrzehnten die Themen der ökologischen und sozialen Gerechtigkeit im Blick. Ein neueres Projekt zur Beziehung zwischen Armut, Reichtum und Ökologie fordert die Kirchen dazu auf, nach Alternativen zu den vorherrschenden Modellen der wirtschaftlichen Globalisierung zu suchen, die etwa durch die Abholzung von Wäldern, die Ausbeutung von Ressourcen und den Klimawandel zu enormen Umweltkosten führen.

Die Botschaft von Papst Johannes Paul II. zum Weltfriedenstag 1990 trug den Titel „Friede mit Gott, dem Schöpfer – Friede mit der ganzen Schöpfung“. Darin bestätigte er, dass unter anderem „der Mangel an gebührender Achtung gegenüber der Natur“ eine Gefahr für den Weltfrieden darstellt. „Ein neues ökologisches Bewusstsein entsteht“, fuhr er fort, „und statt es zu verharmlosen, sollte es gefördert werden, damit daraus konkrete Programme und Initiativen entstehen können.“ Sein Nachfolger Papst Benedikt XVI. hat gesagt: „Unsere Erde spricht zu uns, und wir müssen zuhören, wenn wir überleben wollen.“

Diesen Einsatz für den Dienst aneinander und für die Umwelt habe ich auch in meiner Heimat bei Christen unterschiedlicher Konfessionen festgestellt. Bereits 1992 hat der anglikanische Erzbischof (damals noch Bischof) David Mukuba Gitari mich eingeladen, den Weltumwelttag mit ihm zu begehen und auf dem Gelände seiner Kirche einen Baum zu pflanzen. 1999 schloss er sich der Kampagne des

Green Belt Movement zum Schutz des Karura-Waldes im Norden Nairobis vor der Verwüstung durch Landräuber und private Bauherren an. Erzbischof Gitari hatte sich dem Schutz von Gottes Schöpfung verschrieben. Er marschierte gemeinsam mit uns und setzte sich der Gefahr für Leib und Leben aus, die durch bezahlte Schläger drohte, die uns vom Protestieren und Bäumepflanzen abhalten sollten. Zusammen mit Erzbischof Ndingi und Pfarrer Mutava Musyimi, dem Generalsekretär des Nationalen Kirchenrates von Kenia, segnete Erzbischof Gitari dreiundzwanzig Setzlinge im Uhuru-Park im Stadtzentrum von Nairobi im Interesse des Waldschutzes.

Auch die Befreiungstheologie, die in ihren Anfängen noch nicht für Umweltfragen sensibilisiert war, widmet diesem Thema nun mehr Aufmerksamkeit. In den 1990er-Jahren hat der brasilianische Befreiungstheologe Leonardo Boff einen zentralen Grundsatz des Green Belt Movement gut auf den Punkt gebracht: „Soziale Ungerechtigkeit führt zu ökologischer Ungerechtigkeit und umgekehrt." Er hat die Christen daran erinnert, dass nicht nur die Armut unter den Menschen eine Sünde darstellt, sondern auch der Bruch zwischen Mensch und Umwelt.[23]

In den USA entstand eine andere Bewegung, die Bewegung zur Umweltgerechtigkeit. Sie gründete sich aus Sorge darüber, dass besonders umweltschädliche Anlagen wie Chemiefabriken, Abfallsammelstellen, Mülldeponien und Busbetriebshöfe unverhältnismäßig häufig in Stadtteilen mit einem hohen Anteil von farbigen Menschen angesiedelt wurden, die außerdem wirtschaftlich benachteiligt waren. Organisationen wie WE ACT for Environmental Justice (WIR HANDELN für Umweltgerechtigkeit) in New York, geleitet von Peggy Shepard, waren die Vorreiter dieser Bewegung.

Viele religiöse Organisationen haben sich ebenfalls für die Grundsätze der Bewegung für Umweltgerechtigkeit engagiert, so etwa das National Council of Churches Eco-Justice Program (das Programm für ökologische Gerechtigkeit des Nationalen Kirchenrates der USA), das National Religious Partnership for the Environment (der Nationale Zusammenschluss religiöser Gruppen zugunsten der Umwelt) sowie viele katholische Gemeinden.

Neben der römisch-katholischen Kirche haben auch einzelne Glaubensrichtungen innerhalb des Judentums und des Protestantismus bekräftigt, dass die Erde Gott gehört und nicht den Menschen; dass wir die Hüter der Schöpfung sind und nicht ihre Ausbeuter sein dürfen, und dass die Würde des Menschen und der Einsatz für die Armen für die nachhaltige Nutzung der Ressourcen des Planeten von entscheidender Bedeutung sind. Einige Glaubensrichtungen fördern aktiv die Begrünung von Kirchengebäuden und anderen Gottesdienststätten.

Auch das jüdische Motiv des Jobeljahres bietet ein sehr konkretes und praktisches Beispiel dafür, dass der Umweltschutz (indem man den Boden brach liegen und die Tiere ruhen lässt) mit gesellschaftlichen Handlungen (der Umverteilung des Landbesitzes und der Tilgung der Schulden) sowie weiteren Versuchen, die Gemeinschaft zusammenzubringen, verknüpft werden kann. Daran wird deutlich, dass das Bemühen einzelner Menschen zum verantwortlichen Umgang mit unseren kostbaren Naturressourcen und die gemeinsamen Anstrengungen, etwa zum Energiesparen und zum Entdecken von Alternativen zu fossilen

Energieträgern, nicht von einem ebenso entschiedenen Einsatz für soziale Gerechtigkeit getrennt werden können.

Das Green Belt Movement hat sich die Umweltgerechtigkeit und die Überzeugung auf die Fahnen geschrieben, dass alle Menschen ein Recht auf eine saubere und gesunde Umwelt haben. Wir alle hätten das gerne, aber häufig verfügen nur die Wohlhabenden über die Mittel, dieses Recht zu etablieren und durchzusetzen. Die armen Menschen und diejenigen, die sich am Rande der Gesellschaft befinden, verfügen nicht über die gleichen Möglichkeiten. So leben sie vielleicht in einer Umgebung, in der sie dazu gezwungen sind, schmutziges und unhygienisches Wasser zu trinken, während andere das sauberste Wasser trinken können, das man sich vorstellen kann – gefiltert und direkt aus der häuslichen Wasserleitung oder in Flaschen abgefüllt und im Handel gekauft. Auch diese Ungleichheit ist eine Wunde. Und zwar nicht nur deshalb, weil es unfair ist, sondern aus dem pragmatischen Grund, dass die ungesunde Umwelt eines armen Stadtteils, an deren Zustand man nichts ändert, sich nicht nur auf die Kinder dort auswirken wird, sondern letztendlich auch auf andere Kinder: Nur eine gesunde Erde ernährt eine gesunde Bevölkerung.

Weil sich die Folgen der globalen Erwärmung immer deutlicher zeigen, ist die Bewegung für Umweltgerechtigkeit nun selbst global aktiv und zu einer Kampagne für Klimagerechtigkeit geworden. In gewisser Weise ist der Klimawandel anderen Umweltproblemen nicht unähnlich, außer dass er sich weltweit auswirkt. Die Bewegung für Umweltgerechtigkeit sieht, dass die ökologischen Kosten der Industrialisierung überproportional von den Armen getragen werden, und sie versucht, dieses Unrecht zu beheben. In gleicher Weise argumentieren die Kämpfer für Klimagerechtigkeit, dass die ärmeren Länder am meisten unter den Folgen des Klimawandels leiden werden, und dass die Industrieländer moralisch dazu verpflichtet sind, die Entwicklungsländer für ihre Treibhausgas-Emissionen zu entschädigen oder sie dabei zu unterstützen, die schlimmsten Folgen der Erderwärmung abzuwenden. Was Afrika angeht, so kann die Frage ganz unverblümt lauten: Ist es fair, dass Menschen in Afrika wegen etwas sterben, das sie kaum mitverursacht haben?

Die Verfechter der Klimagerechtigkeit erkennen an, dass die Menschen in den entwickelten Ländern den Klimawandel nicht absichtlich herbeigeführt haben. Vielmehr ist es so, dass die industrielle Revolution zu beachtlichem Wohlstand und Fortschritt geführt hat, und diesen Weg möchte auch der Rest der Welt einschlagen. Doch das bestehende Unrecht muss (auch wenn es nicht vorsätzlich herbeigeführt wurde) beseitigt werden. Die Industrieländer müssen damit aufhören, weiterhin im bisherigen Maße Treibhausgase in die Erdatmosphäre zu blasen. Sie müssen Finanzmechanismen schaffen, die die Entwicklungsländer dabei unterstützen, sich an ein zunehmend unberechenbareres Klima anzupassen.

Dieser letzte Aspekt ist sehr wichtig. Es ist wie bei Petrus und Johannes in der Apostelgeschichte: Gerechtigkeit bedeutet nicht nur, dass einem jemand Hilfe anbietet. Es bedeutet, dass schwächere Länder selbst die Verantwortung dafür übernehmen müssen, die schädlichen Folgen der Erderwärmung zu mildern, indem sie etwa ihre Wälder schützen oder wieder aufforsten und (mit technischer und finanzieller Unterstützung der Industrieländer) die Nutzung sauberer Energie fördern. Dazu haben sie allen Grund, und sie sollten ihre Aufmerksamkeit nicht nur auf die Finanzmittel richten, die voraussichtlich in ihre Richtung fließen werden.

Sowohl die Bewegung für Umweltgerechtigkeit als auch religiöse Organisationen haben den Gedanken der Klimagerechtigkeit jüngst in ihre Arbeit einbezogen; sie haben unabhängig voneinander Erklärungen und Stellungnahmen veröffentlicht, in denen sie die Religionen dazu aufrufen, sich aktiv für die Lösung der Klimakrise einzusetzen. So haben neunzig katholische Bischöfe der nördlichen wie der südlichen Hemisphäre im Jahr 2008 eine Stellungnahme unterzeichnet, in der es unter anderem heißt: „Es ist unsere moralische Pflicht, im Interesse der am stärksten Betroffenen unverzüglich Maßnahmen zur Bekämpfung des Klimawandels zu ergreifen." Das Engagement für Gerechtigkeit, das für viele Christen – angeregt durch die Befreiungstheologie oder auch unabhängig von ihr – das Herzstück ihrer heiligen Schrift bildet, ist in vielen Teilen der Welt in den Mittelpunkt der Aufmerksamkeit gerückt. Dies sind hoffnungsvolle Zeichen. Vielleicht kann das Christentum ein Stück weit sein Erbe, die Beteiligung an der Unterdrückung von Gemeinschaften und Staaten, wettmachen. Womöglich können seine Führer sogar Vorreiter sein im Einsatz für die Gerechtigkeit und für die Heilung der Erde.

10. Spiritualität trifft Aktivismus

WÄHREND DES KLIMAGIPFELS der Vereinten Nationen in Kopenhagen im Dezember 2009 dachte ich über die Werte nach, die ich in diesem Buch betrachte, und über die Notwendigkeit eines Denkens, bei dem nicht mehr alles und jedes nach seinem Geldwert beurteilt wird. Kann man wirklich den Wert des Kohlendioxids, das von den Bäumen gebunden wird, in Geld angeben? Mir ist bekannt, dass Wissenschaftler und Ökonomen dabei sind, solche Schätzwerte zu ermitteln, und ich möchte sie nicht davon abbringen. Doch die Antwort lautet ganz gewiss, dass die Leistung der Bäume im wahrsten Sinne des Wortes unschätzbar ist.

Ich habe mich allerdings gefragt, welche Rolle wohl spirituelle Werte für die Regierungsvertreter spielten, die Tag und Nacht im Bella-Konferenzzentrum in Kopenhagen zusammensaßen, um ein neues, rechtlich bindendes Abkommen zur Verminderung der Emission von Treibhausgasen auszuarbeiten. Wieviele von ihnen würden sich dafür starkmachen, dass Werte wie Mitgefühl oder Empathie im Text vorkommen? Was ist mit Gerechtigkeit oder Gleichheit? Haben sie angesichts ihrer Konzentration aufs Geld überhaupt ein Ohr für diese Worte?

Bei einem Treffen christlicher, buddhistischer, hinduistischer und anderer geistlicher Führer auf dem Klimagipfel bat ich das Publikum, auf die Stimme der *Quelle* zu hören, die durch die dort versammelten Führer sprach. Ich erinnerte sie daran, dass das, was wir schützen sollen, unbezahlbar ist. „Wir können nicht ohne andere Lebensformen wie die Wälder oder die Grünpflanzen leben“, sagte ich. Deshalb seien wir dazu verpflichtet, für die Bäume oder die Frösche einzutreten, die nicht für sich selbst sprechen könnten, auch wenn sie vom Klimawandel betroffen seien.

Während der zweiwöchigen Konferenz fielen immer wieder bestimmte Worte, beispielsweise Transparenz, Ehrlichkeit, Rechenschaft, Fairness, Rechte und Verantwortlichkeit. Bei den von religiösen und spirituellen Führern organisierten Veranstaltungen hörte ich andere Worte wie Mitgefühl, Empathie und *Mottainai* (wozu Achtung, Dankbarkeit und die Vermeidung der Verschwendung gehören).

Das hat mich in meiner Sicht bestärkt, dass diese spirituellen Werte – mehr als Daten und Zahlen – die Grundlage einer echten menschlichen Partnerschaft zwischen den politischen Führern bilden könnten. Durch sie könnten sie ihre gesteckten Ziele erreichen und die drohenden Katastrophen abwenden, die darin bestehen, dass die Pole schmelzen, der Permafrostboden und die Gletscher verschwinden, es immer weniger Wälder gibt, die Regenfälle unregelmäßig sind oder ganz ausbleiben, es lang andauernde Dürren gibt, Seen austrocknen und Flüsse versiegen, ganze Landstriche vertrocknen, Tiere verenden und sehr viele Menschen aufgrund von Mangelernährung krank werden.

Wer auf dem Klimagipfel in Kopenhagen dabei war oder zu den Millionen von Menschen weltweit gehörte, die die Ereignisse verfolgten, hegte die Hoffnung, dass die Regierungen sich über einen verbindlichen Zeitplan, konkrete Maßnahmen zur Einhaltung der Vorschriften und über ein neues Klima-Abkommen verständigen würden, das wissenschaftlichen und historischen Erkenntnissen und auch der Gerechtigkeit Rechnung tragen würde. Die Regierenden waren nicht in allen Punkten erfolgreich. Trotzdem bleibe ich optimistisch. Immerhin nehme ich seit 1976 – seit der HABITAT-Konferenz über menschliche Siedlungen im kanadischen Vancouver – an UN-Konferenzen teil. Auch damals schon debattierten und stritten die Delegierten über Sprachregelungen und über Geld.

Keine Delegation fährt je von einer globalen Konferenz mit einem perfekten Dokument oder einem perfekten Finanzinstrument nach Hause, und Kopenhagen 2009 bildete da keine Ausnahme. Doch die Anwesenheit von 193 Staats- und Regierungschefs sowie vieler geistlicher Führer in Dänemark hat die Chancen zur Sensibilisierung vergrößert – sogar so weit, dass wir alle, einschließlich der Regierungsvertreter, es tatsächlich für denkbar hielten, eine gemeinsame Grundlage für eine Partnerschaft zwischen den Industrie- und den Entwicklungsländern zu finden, die zur Verlangsamung des Klimawandels beitragen und auf der Bereitschaft zum Vertrauen, zur Ehrlichkeit, zur Transparenz und zur Verantwortung gegenüber unserer sowie künftigen Generationen basieren sollte.

Das Zusammentreffen mit den spirituellen Anführern in Kopenhagen habe ich in vielerlei Hinsicht als ermutigend und familiär erlebt, weil ich im Laufe meiner Arbeit schon viel Unterstützung und Solidarität durch religiöse Menschen in aller Welt erfahren habe. Ich weiß, dass viele Mitglieder religiöser Gemeinschaften sich für die Umwelt engagieren, auch wenn ihr Name und ihr Werk kaum bekannt sind. Sie bilden eine Art Geschwisterschaft, die durch gemeinsame Anliegen und Werte verbunden ist. Auch ich fühle mich als Teil dieser Gemeinschaft, obwohl ich mich nicht als spirituelle Führerin betrachte. Durch meine katholische Erziehung, meine Vertrautheit mit Aspekten der christlichen Lehre und deren Anwendung in meiner Arbeit mit dem Green Belt Movement, und weil ich bestimmte spirituelle Werte umsetze, sehen viele gläubige Menschen und insbesondere meine Lehrer in mir einen verwandten Geist und fühlen sich durch mich bestätigt. Mir bedeuten diese Beziehungen sehr viel, und ich ziehe Kraft aus ihnen.

Die Auszeichnung mit dem Friedensnobelpreis scheint mir deshalb auch teilweise das Ergebnis der Bemühungen jener Ordensfrauen zu sein, die mich unterwiesen und mir die Werte vermittelten, durch die man etwas in der Welt bewegen kann. Wie ich, so machten auch viele Nonnen in den 1970er-Jahren erstmals Bekanntschaft mit der Umweltbewegung und erkannten, wie wichtig es ist, die Wunden der Erde zu heilen. Als Ordensfrauen besaßen sie allerdings nicht die gleichen Möglichkeiten zum Wirken in der Welt, wie ich sie als Laiin hatte. Sie verfügten nicht über die Bühne, die ich durch das Bäumepflanzen hatte.

Die irischen Loretoschwestern, auf deren Oberschule ich in Kenia ging, machten weder meine Mitschülerinnen noch mich direkt zu Umweltaktivistinnen. Doch heute verspüren sie zu Recht eine gewisse Befriedigung darüber, welches Leben ich als Erwachsene eingeschlagen habe, und sie sind stolz darauf, meine Lehrerinnen gewesen zu sein. Ich bin dankbar für diese Anerkennung und dafür, dass sie im gleichen Geist wie ich feiern und arbeiten – denn auch ich versuche, anderen die Werte zu vermitteln, für die sie ihre Schülerinnen zu begeistern versuchten.

Das gewachsene Bewusstsein für unsere Verantwortung gegenüber der Erde als Ganzer hat praktizierende Gläubige und Wissenschaftler dazu gezwungen, ihre Glaubenstraditionen zu überprüfen, ihre heiligen Texte einer kritischen Auslegung zu unterziehen und herauszufinden, welche Ressourcen zur Unterstützung gerechterer und stärker ökologisch orientierter Sichtweisen sie bergen. Hierdurch ist auch das Bewusstsein für den Glauben *der anderen* gewachsen, was dazu anregte, dringend notwendige Gespräche zwischen den Religionen aufzunehmen.

In Assisi hat Papst Johannes Paul II. 1986 religiöse Führer aus aller Welt zu einem Weltgebetstreffen für den Frieden zusammengerufen. Nach diesem Treffen und verschiedenen Treffen des Weltparlaments der Religionen zwischen 1993 und 2009 haben Menschen unterschiedlichen Glaubens Erklärungen verabschiedet, in denen zum Frieden, zur weltweiten Zusammenarbeit und zur Völkerverständigung aufgerufen wurde. Auf jedem dieser Treffen spielten Umweltfragen direkt oder indirekt eine Rolle. In den USA hat sich, um nur einige Beispiele zu nennen, unter der Schirmherrschaft des Temple of Understanding und der Kirche Saint John the Divine in New York (vor allem in den 1980er- und 1990er-Jahren unter der inspirierenden Leitung des Dekans Pfarrer James Parks Morton), am Center for Respect of Life and the Environment [Zentrum für die Achtung vor dem Leben und für die Umwelt] in Washington/DC sowie an der Grace Cathedral in San Francisco ein ständiger Dialog zwischen den Religionen entwickelt.

Ein großartiges Ergebnis des permanenten Dialogs zwischen Wissenschaftlern und praktizierenden Gläubigen verschiedener Religionen ist eine Reihe von Konferenzen in den 1990er-Jahren gewesen, die auf Einladung des Center for the Study of World Religions [Zentrums zur Erforschung der Weltreligionen] an der Harvard Divinity School stattfanden und bei denen die spirituellen Traditionen und ihr Verhältnis zur Natur genau untersucht wurden. Daraus sind neun Bände über die Umwelt und Praxis in verschiedenen Religionen hervorgegangen. Sie sind unter der Herausgeberschaft von Mary Evelyn Tucker und John Grim erschienen. Ein zehnter Band über Tiere und die Weltreligionen wurde von Paul Waldau und Kimberly Christine Patton herausgegeben. Diese Bände stellen den derzeit wohl breitesten Überblick über Sichtweisen und Aussagen der Weltreligionen im Bereich der Ökologie dar.

Von den vielen religiösen Weltbürgern, die in den unterschiedlichen Weltreligionen an der Entwicklung des Umweltbewusstseins arbeiten, hat sich der Ökumenische Patriarch von Konstantinopel, Bartholomäus I. – das geistliche Oberhaupt von etwa 300 Millionen orthodoxen Christen –, besonders aktiv für die Sensibilisierung für Umweltfragen eingesetzt und zu Treffen mit anderen Religionsführern eingeladen (unter anderem hat er auch eine gemeinsame Erklärung mit Papst Johannes Paul II. veröffentlicht). Der iranische Wissenschaftler Seyyed Hossein Nasr sowie der jordanische Prinz Hassan bin Talal haben sich als Muslime für eine stärkere ökumenische Verständigung und für die Erhaltung der Umwelt eingesetzt.

Der thailändische Umweltaktivist Sulak Sivaraksa hat einen „sozial engagierten“ Buddhismus gefordert, dessen Engagement für den Frieden und gegen die Armut auch Umweltfragen einschließt. Vandana Shiva wiederum kämpft mit Rückgriff auf ihr hinduistisches Erbe gegen die Ausbeutung der Ressourcen unseres Planeten und der besonders schwachen Menschen. Auch Charles, Prince of Wales, hat den Schutz der Umwelt zum zentralen Punkt seiner verschiedenen Interessen gemacht und engagiert sich besonders für den Schutz des Regenwaldes. Und Satish Kumar, ein ehemaliger Jaina-Mönch, macht bereits seit Jahrzehnten in der von ihm ins Leben gerufenen Zeitschrift *Resurgence* auf eine ganze Reihe praktischer ökologischer Ansätze aus spiritueller Perspektive aufmerksam.

Thomas Berry, von dem ich schon gesprochen habe, hat asiatische Religionen gelehrt – unter anderem Taoismus, Buddhismus und Konfuzianismus – und schätzte deshalb die große Weisheit, die jenseits der monotheistischen Religionen existiert. Er hat sich sehr für religiösen und philosophischen Pluralismus eingesetzt. Er schreibt, dass „Unterschiedlichkeit von uns nicht mehr nur geduldet wird. Wir schätzen sie als notwendige Voraussetzung eines lebensfreundlichen Universums, als Quelle der höchsten Vollendung, derer die Erde fähig ist.“[24] Die englische Gaia Foundation, deren Werk von Thomas Berry beeinflusst wurde, hat nicht nur das Green Belt Movement unterstützt, sondern arbeitet weiter an der Schnittstelle zwischen Menschenrechten, ökologischem Bewusstsein,

Rechtsprechung und dem Schutz der Kulturen und Identitäten eingeborener Völker.

Die Erd-Charta, an deren Entwicklung auch das Green Belt Movement mitgearbeitet hat, stellt einen Meilenstein dar, was die Umsetzung der Grundsätze verschiedener spiritueller Traditionen, ethischer Prinzipien und Werte zum Schutz des Planeten anbelangt. Sie wurde im Jahr 2000 in Den Haag verabschiedet und deckt ein weites Themenspektrum ab; praktisch jede menschliche Tätigkeit auf diesem Planeten wird darin behandelt. Auch wenn die Charta bereits auf den Weg gebracht wurde, ehe der Klimawandel als so problematisch angesehen wurde wie heute, bleibt sie doch von größter Wichtigkeit. Natürlich ist jedes Dokument nur so gut wie die Einsichten der Zeit, in der es abgefasst wurde. Doch die hier vertretenen Grundsätze sind sehr breit angelegt und deuten auf Maßnahmen hin, die unverzichtbar sind, wenn wir die nächsten Schritte tun wollen, um der Erderwärmung entgegenzuwirken.

Die Erd-Charta bringt vieles von dem auf den Punkt, was wir durch das Green Belt Movement zu erreichen versuchen. Anders als ein Umweltabkommen enthält dieses Dokument jedoch bestimmte Werte, die für das Überleben auf der Erde von Bedeutung sind.

Wenn die Erd-Charta über die Achtung und die Fürsorge für die Gemeinschaft der Lebewesen spricht, verwendet sie ganz bewusst den Grundsatz der „Ehrfurcht vor dem Leben“, der sehr prominent vom deutschen Theologen, Musiker und Arzt Albert Schweitzer formuliert wurde. Schweitzer wandte sich gegen die Vorstellung, dass die Natur einzig als Mittel zum Zweck anzusehen sei. Er hatte die Vielfalt der Lebensformen eines Ökosystems im Blick und war der Ansicht, dass die gesamte Schöpfung – sei es Baum oder Fluss oder die Würmer im Erdboden – Achtung und sogar Ehrfurcht verdiene.

Zu den treibenden Kräften der Erd-Charta gehörte Steven Rockefeller, der Professor am Middlebury College in Vermont war. Zur Entwicklung der Charta versammelte er eine Reihe von Menschen, unter anderem Mary Evelyn Tucker und John Grim sowie Susan Davis, die Leiterin der Women's Environment & Development Organisation [Organisation von Frauen für Umwelt- und Entwicklungsfragen] (WEDO), Rabbi Abraham Soetendorp aus den Niederlanden, die bereits verstorbene Kamla Chowdry, Beraterin der indischen Regierung und vieler internationaler Einrichtungen, Leonardo Boff, den brasilianischen Befreiungstheologen, Prinzessin Basma bint Talal aus Jordanien sowie Maurice Strong, den ersten Direktor des UN-Umweltprogramms.

Die Erd-Charta sollte einen Katalog von Grundsätzen zum Schutz der Erde festschreiben, ähnlich wie es die Allgemeine Erklärung der Menschenrechte 1949 mit Blick auf die Menschen getan hatte. Dieser Gedanke war aus einer Reihe allgemeiner spiritueller Werte abgeleitet worden und fand auf dem „Erdgipfel" 1992 in Rio de Janeiro sofort Anklang. Es folgten ausführliche Beratungen mit einem breiten Bündnis, zu dem sich Gruppen der Glaubensreligionen aus aller Welt zusammengeschlossen hatten. Wie man sich denken kann, entdeckte man in diesem Prozess aufgrund der Spannbreite der behandelten Themen und der beteiligten Gruppen immer mehr Fragen, die anzusprechen waren. Die Erd-Charta wurde schließlich verabschiedet. Ihr Sekretariat befindet sich in Costa Rica und wird von Mirian Vilela geleitet.

Seit der Veröffentlichung der Charta haben ihr Tausende von Nichtregierungsorganisationen, Schulen, Unternehmen, Institutionen und religiösen Gemeinschaften aus der ganzen Welt zugestimmt. Der Schwerpunkt der Erd-Charta-Initiative liegt auf der Bildung. Das Earth Charter Center for Education for Sustainable Development [das Erd-Charta-Zentrum zur Bildung für nachhaltige Entwicklung] wurde an der Universität des Friedens in Costa Rica eingerichtet; es fördert die Umsetzung der Charta an Schulen, Universitäten und außerschulischen Bildungseinrichtungen in aller Welt. Auch ein Earth Charter School Network wurde gegründet, das sich für die Verbreitung des Dokuments einsetzt; es wurden Materialien erstellt, um den Gebrauch der Charta in den Schulen zu unterstützen, und es wurden Informationen über Projekte zur Bildung für nachhaltige Entwicklung verbreitet, die von der Charter inspiriert wurden.

Es ist zu hoffen, dass die Charta einmal zur Grundlage für schulische Umwelterziehung wird, von der Grundschule bis zur höheren Schule, damit junge Menschen ihre Schulbildung mit einem Wissen um unseren Planeten abschließen und mit der Fähigkeit, ihre Beziehung – und die ihrer Gesellschaft – zur Erde und deren biologischen Systemen kritisch zu reflektieren.

Letztendlich ist es nicht so wichtig, ob das von mir besuchte Holzunternehmen im Kongo die Erd-Charta gelesen hat. Es spielt auch keine sehr große Rolle, ob alle

Geschäftsleute und Politiker sie als ihren Leitfaden benutzen. Solange alle Geschäftsleute und Politiker den Wert und die Notwendigkeit der Erhaltung der ökologischen Intaktheit eines Ökosystems begreifen, befassen sie sich auf irgendeine Weise mit den Fragen, um die es der Charta geht – auch wenn sie nie von ihr gehört haben.

Insofern war ich sehr angetan, als ich davon hörte, dass sich Ecuador 2008 eine neue Verfassung gegeben hat, in der – als erster Verfassung überhaupt – auch die Rechte der Natur festgeschrieben sind. In ihr wird festgehalten, dass die Natur „das Recht auf ihre Existenz, den Erhalt und die Regeneration ihrer Lebenszyklen, Strukturen, Funktionen und Evolutionsprozesse hat". Bis heute hat sich kein anderes Land zu Ähnlichem verpflichtet. Ich habe allerdings Grund zu der Annahme, dass sich die Regierungen dennoch der Herausforderung stellen – wenn auch nicht unbedingt auf Verfassungsebene –, die Umwelt auf nationaler wie internationaler Ebene zu schützen.

Viele Menschen stehen verfassunggebenden Versammlungen, Verfassungsänderungen und den Verfassungen selbst, die von Regierungen, internationalen Komitees oder auch von den Vereinten Nationen entworfen und verkündet werden, skeptisch gegenüber. Selbst wenn sie rechtlich bindend sind und durch internationale Gesetze gestützt werden, ist es doch möglich, dass diese Erklärungen, Resolutionen und Proklamationen von Regierungen, Unternehmen und einzelnen Menschen ignoriert oder bagatellisiert werden, die zynischerweise nicht daran glauben, dass sie in die Tat umgesetzt oder durchgesetzt werden. Und natürlich stimmt es: Keiner dieser Texte wird irgendeine Bedeutung haben, bis Menschen – auf internationaler, nationaler oder kommunaler Ebene – sie umsetzen und bis die Verantwortlichen die von ihnen erhobenen Rechte schützen und die Forderungen kontrollieren.

Trotzdem glaube ich, dass diese ambitionierten und inspirierenden Dokumente einem wichtigen Zweck dienen: Sie halten unseren Glaubenstraditionen einen Spiegel vor. Sie bieten zumindest so etwas wie eine Alternative zur Vision unserer Religionen an, die es uns überlassen, mit dem Planeten anzustellen, was wir wollen, weil das „Leben" lediglich ein Übergang ist und nicht weiter von Belang. Außerdem sind diese Erklärungen auch ein Zeichen für das Zustandekommen eines globalen Konsenses zwischen religiösen und spirituellen Traditionen darüber, dass die Erde wichtig ist und dass auch das, was wir während unserer Zeit auf diesem Planeten tun, eine Bedeutung hat. Und dass wir nicht auf dieser Welt leben können, als ob die kommenden Generationen von Mensch und Tier nicht das Recht hätten, auf ihr zu leben.

Wir brauchen diese Erklärungen und die Erd-Charta deshalb, weil sie uns zeigen, dass die Völker der Welt zu der Erkenntnis gekommen sind, das etwas schiefgegangen ist. Indigene und einheimische Völker, die in vorindustrieller Zeit in enger Beziehung zum Land lebten, brauchten keine Charta, um die Natur zu verstehen. Auch wenn die Regeln und Bestimmungen ihrer Gemeinschaften nicht schriftlich niedergelegt waren, so kannten diese Völker doch ihre Ökosysteme auf eine Weise, die denen von uns verlorengegangen ist, die ohne Kontakt zu ihrer natürlichen Umwelt leben. Indem sie ausdrücklich vom Einsatz für die indigenen und armen Menschen sprechen, sind die Erklärungen der Weltreligionen und die Erd-Charta gewissermaßen Versuche, die Menschen und die Gemeinschaften, deren Wissen und Weisheit verloren gegangen sind, wahrzunehmen und zu stützen. Dieses Wissen zurückzugewinnen kann uns allen helfen, zu überleben.

11. Dem Aufruf zum Dienen folgen

WAS BEWEGT EINEN Menschen dazu, zu dienen, sich jenseits der eigenen Interessen auf eine Weise zu engagieren, die das Leben der Mitmenschen wandeln und Veränderungen herbeiführen kann, die unmöglich erschienen? Man kann durch eine Eingebung oder durch Erkenntnis zum Handeln gebracht werden. Doch manchmal werden wir durch etwas animiert, das wir als „Gott in uns" bezeichnen könnten, durch die *Quelle*; durch die Stimme, die wir zu uns – und nur zu uns – sprechen hören, und die sagt, dass eine Situation falsch ist, dass Unrecht geschieht und dass wir etwas unternehmen müssen, um es zu beseitigen. Wir berühren damit den Bereich des Unergründlichen. Wenn wir nun versuchen, unseren Antrieb zum Handeln zu verstehen, dann sind wir gut beraten, dies in Demut zu tun – gerade weil viele der Herausforderungen, vor denen wir als Menschen stehen, mit unserer Arroganz zu tun haben, die uns glauben lässt, dass unser Wissen ausreicht und wir uns über die Folgen unseres Handelns keine Gedanken machen müssen.

Wir alle möchten gerne für das, was wir tun und für die von uns geleisteten Dienste Anerkennung erfahren. Wir alle möchten gerne glauben, dass die Veränderungen, für die wir uns einsetzen, sofort auf Anerkennung stoßen und dass dieser Wandel mühelos vonstatten geht. Wenn wir Glück haben, geht die von uns gesäte Saat auf und wächst. Doch dies ist nur eine Dreingabe, an der wir uns erfreuen können und durch die wir ermutigt werden. Wirklicher Wandel geschieht allerdings nur selten auf leichte Weise. Ziemlich oft ist unsere Arbeit ein echter Kampf.

Wenn wir merken, dass uns der ausbleibende Erfolg unserer Arbeit bedrückt, dann können wir an Jesu Gleichnis vom Senfkorn denken. Jesus umreißt das Reich Gottes mit dem Bild des Senfkorns, das zunächst sehr klein ist, dann aber zu einem sehr großen Strauch heranwächst (siehe Matthäus 13,31–32). Das Gleichnis erinnert uns daran, dass es viele Monate oder Jahre dauern kann, bis sich eine Art Spross zeigt. Vielleicht ist das Klima nicht günstig für die Aufnahme eines Gedankens, und die Idee braucht Zeit, um in den Boden der Gemeinschaft hinabzusinken und sich dort zu verwurzeln. Doch am Ende wird die Idee zum Leben erwachen und zu wachsen beginnen.

Natürlich stellt man seine Bemühungen nicht ein, wenn die ersten Lebenszeichen sich zeigen. Tatsächlich ist dies vielleicht die Phase, in der die Idee am anfälligsten gegenüber plötzlichen Temperaturschwankungen ist, in der sie von der Sonne versengt oder durch Wasser ertränkt werden kann durch die, denen nichts so sehr am Herzen liegt, wie das Wachstum neuer Gedanken zu verhindern. Eine Idee muss also gehegt und gepflegt werden. Am Ende ist sie vielleicht fest verwurzelt und so weit verbreitet, dass sie anderen Ideen helfen kann, zu wachsen und zu gedeihen, und sie ist so groß geworden, dass man ganz vergisst, wie die gesellschaftliche Landschaft ohne sie ausgesehen hat. Doch bis das geschieht, müssen sich die engagierten Menschen immer wieder ins Gedächtnis rufen, dass es Jahre dauern kann, bis sich die Früchte ihrer Arbeit zeigen. Deshalb muss die Zufriedenheit vor allem aus der Tatsache gezogen werden, dass man es versucht – dass man also dient.

Ein anderes Gleichnis, das einem neue Kraft geben kann, ist das Gleichnis vom Sämann (siehe Matthäus 13,1–23). Es veranschaulicht, dass die Gesellschaft aus unterschiedlichen Menschen besteht, deren Aufnahmebereitschaft unterschiedlich ausgeprägt ist. Der Sämann sät seine Samenkörner aufs Geratewohl: Einige fallen auf den Weg und die Vögel fressen sie; einige fallen auf felsigen Grund, wo es nur wenig Erde gibt, in der sie wurzeln können, so dass die Sonne sie versengt und sie absterben; einige fallen unter die Dornen, die die Sämlinge ersticken. Doch einige fallen auf tiefen, fruchtbaren Boden, in dem sie wurzeln und wachsen können.

Dieses Gleichnis kann uns als Beispiel dafür dienen, wie Menschen neue Informationen aufnehmen. Einige sind einem Wandel gegenüber taub oder sie sind verwirrt; in ihrem Bewusstsein können deshalb neue Ideen oder neue Erkenntnisse keinen Fuß fassen. Manche Menschen erfassen die Dinge oder eine Idee sofort, aber sie werden leicht durch die Probleme abgeschreckt, die sich bei der Umsetzung zeigen; vielleicht wollen sie sich nicht gegen die Wünsche ihrer Nächsten oder der Mächtigen auflehnen, und so stirbt die Idee in ihnen. Aber einige Menschen stehen der Idee nicht nur positiv gegenüber, sondern sie besitzen auch noch die Zivilcourage, sie umzusetzen. Sie verfügen über die nötigen Werte.

Die beiden Gleichnisse rufen uns in Erinnerung, dass Ideen Zeit zum Wachsen benötigen und dass nicht alle Menschen unsere Botschaft hören können. In den Gleichnissen wird allerdings nicht die Beharrlichkeit eingefangen, die alle Menschen, die sich für die Heilung der Wunden der Erde einsetzen, angesichts dieser Gleichgültigkeit brauchen. Wenn ich mir die Mühe vor Augen führen möchte, die wir aufwenden müssen, dann denke ich an den Kolibri. Das hört sich vielleicht merkwürdig an, weil sich viele von uns den Kolibri als winziges, zartes Geschöpf vorstellen, das immer in Bewegung ist und sich schwer fangen lässt. Doch die Geschichte vom Kolibri, die mir Professor Suji in Japan erzählt hat, weist in eine ganz andere Richtung.

Die Geschichte beginnt damit, dass ein großes Feuer ausbricht und im Wald wütet. Alle Tiere, groß wie klein, flüchten zum Waldrand, um die Feuersbrunst zu beobachten – alle bis auf den Kolibri. „Ich werde etwas gegen das Feuer unternehmen!", sagt der winzige Vogel und fliegt zum nahegelegenen Bach, wo er untertaucht. Beim Auftauchen ist sein Schnabel voller Wasser, das er über den Flammen ausgießt. Das Feuer ist sehr groß, doch ein ums andere Mal fliegt der Kolibri zum Bach, kehrt mit einem Tröpfchen in seinem Schnabel zurück und lässt es in die Flammen fallen. Jedes Mal glaubt der Vogel, dass dieser eine Tropfen etwas ausrichten wird.

Währenddessen lachen die anderen Tiere, von denen manche einen beträchtlichen Körper und ein großes Maul haben wie der Elefant, die Giraffe, der Löwe oder der Leopard, das kleine Geschöpf aus. „Was machst du denn da?", spotten sie. „Du bist doch nur ein Kolibri. Du siehst doch, wie groß der Waldbrand ist. Meinst du, dass du irgendetwas ausrichtest?" Ohne Zeit zu verlieren und trotz der Entmutigung durch ihre Worte und ihre Untätigkeit fliegt der Kolibri zu den anderen Tieren, als er vom Bach zurückkommt, und sagt: „Na ja, ich tue, was ich kann!"

Auf den ersten Blick ist es natürlich absurd, dass ein paar Tröpfchen Wasser, herangeschafft im Schnabel eines winzigen Kolibris, irgendwelche Auswirkungen auf einen großen Waldbrand haben sollten. Doch selbstverständlich ist das nicht die Pointe der Geschichte. Was wir von ihr lernen können, ist dies: Der Kolibri arbeitet bis zu seinem – zugegebenermaßen überschaubaren – Leistungsmaximum zum Wohl aller anderen Tiere und zum Wohl des Waldes. Wenn die anderen, größeren Tiere sich ebenfalls beteiligen würden, dann wäre die Wirkung erheblich größer. Doch sie haben genug damit zu tun, sich entweder über die Mühen des Kolibris lustig zu machen oder völlig verzagt zu weinen. Ihre Trägheit verstärkt die Anstrengungen des Kolibris noch. Die wichtigere Moral der Geschichte lautet, dass man nichts erreicht, wenn man es nicht versucht. Ähnlich sagt es die Maxime, die dem chinesischen Tao-Meister Laotse zugeschrieben wird: „Eine lange Reise beginnt mit einem ersten Schritt."

Es ist zwar richtig, dass die Situation hoffnungslos ist und dass der Kolibri alleine nie in der Lage wäre, das Feuer zu löschen. Es mag ebenso zutreffen, dass die Tiere selbst dann, wenn sie es alle dem Kolibri gleichtun würden, nicht alle Feuer löschen könnten. Doch vielleicht könnten sie *einige* der Feuer löschen und auf diese Weise die Zerstörung ihres Zuhauses begrenzen. Kein Zweifel kann es allerdings daran geben, dass sie das nie herausfinden werden, wenn sie es nicht versuchen. Selbst wenn der Kolibri sein gestecktes Ziel nicht erreicht, so kann er doch sagen: „Ich tue, was ich kann!“

Wie oft blicken wir auf eine vor uns liegende Aufgabe und denken, dass wir weder über ausreichende Mittel noch über die Fähigkeiten zu ihrer Bewältigung verfügen! Das gilt insbesondere für die enormen Herausforderungen, vor denen wir stehen, wenn wir versuchen, die möglicherweise katastrophalen Auswirkungen von Armut, Ungerechtigkeit, der Abholzung der Wälder, dem Voranschreiten der Wüsten, der Bodenerosion und des Klimawandels abzuwenden. Oder wenn wir den Machtlosen Mut machen wollen, für ihr Recht einzutreten und Verantwortung für ihr Wohlergehen zu übernehmen. Oder wenn wir bei unseren Anführern Gerechtigkeit und Fairness anmahnen. Wir haben das Gefühl, zu klein, zu unwichtig und zu schwach zu sein; wir fürchten, dass wir uns mit dem Bemühen um einen Wandel nur lächerlich machen. Wir müssen jedoch lernen, wie der Kolibri beharrlich zu sein, uns weiterhin zu engagieren und Geduld zu haben.

Auch wenn wir uns manchmal wie der Kolibri fühlen, dann haben wir doch immerhin unseren kleinen Schnabel und können ein Tröpfchen Wasser (die winzige Veränderung) dorthin bringen, wo es gebraucht wird, und wir können dies immer und immer wieder tun, ungeachtet der verschwindend geringen Chancen. Vielleicht sind wir die Zielscheibe von Hohn und Spott, oder es trifft uns die Gleichgültigkeit derer, die über mehr Macht verfügen als wir. Andererseits machen wir womöglich anderen Menschen Mut, sich zu engagieren und sich uns anzuschließen.

Wir werden das nicht erfahren, wenn wir uns nicht aus dem unbeweglichen Zustand herausbegeben und uns selbst den Energieschub geben, um in Bewegung zu kommen. Am Ende sind wir alle dazu aufgerufen, zu tun, was wir können.

Das ist ein ganz altes Lied, doch darum ist es nicht weniger radikal und auch nicht weniger hart. Es bedeutet, trotz Spott und Deprimiertheit alles zu geben und nicht auf Schwarzseher und Kritiker zu hören. Es bedeutet, nicht mehr verzweifelt die Hände über dem Kopf zusammenzuschlagen, sondern sich dazu zu entschließen, ein Problem anzugehen (oder anzufliegen, wenn man ein Kolibri ist!); nicht den Kopf in den Sand zu stecken oder so schnell wie möglich das Weite zu suchen in der trügerischen Hoffnung, dass man dem Problem entfliehen könnte. Denn in Anbetracht der Folgen des Klimawandels sieht es nicht danach aus, dass eine Mauer hoch genug, ein Graben tief genug, eine Region weit genug entfernt oder eine Enklave reich genug sein könnte, als dass man jedem Hurricane, jeder Flut, jeder Dürre, jedem Erdbeben oder allen sich ausbreitenden Wüsten entkommen könnte.

Es wird Momente geben, in denen Sie mutlos und verzagt sein werden. Wenn man sich zum Dienen entschließt, kann das emotional und spirituell sehr anstrengend sein. Die eingefahrenen Verhaltensweisen und Haltungen, die gesellschaftliche Entwicklungen verzögern, sowie die Weigerung der Menschen, ihre langfristigen Interessen gegen kurzfristigen Gewinn und Profitgier zu verteidigen, können einem die Kräfte rauben und zur Erschöpfung führen. Als beispielsweise der Sapeli-Baum im

Kongo-Regenwald fiel, wurde ich wieder daran erinnert, wie belastend das Wissen um den Verlust manchmal sein kann; man ist unzufrieden mit der eigenen Begrenztheit und mit der Gleichgültigkeit anderer Menschen, und man ist frustriert darüber, dass es nicht mehr vorangeht.

Es ist nicht nur besonders mühevoll, weiter gelassen und konzentriert bei der Sache zu bleiben, wenn wir mit der Apathie der Menschen konfrontiert sind, die wir gerne mobilisieren möchten. Es ist auch sehr schwierig, wenn uns Gewalt begegnet, die sich gegen einzelne Menschen oder gegen die Erde richten kann. Wir sind frustriert, weil das, was geschieht, das Gegenteil dessen ist, was in unseren Augen gut, fair und gerecht ist. Wenn wir sehen, wie Werte wie die Dankbarkeit oder die Liebe zur Umwelt mit Füßen getreten oder ignoriert werden, dann werden wir ärgerlich. Teilweise können Gefühle wie Zorn oder Enttäuschung nützlich sein, denn wenn man nicht aufgewühlt oder beunruhigt ist, wird man kaum etwas an einer Situation verändern wollen. Gefühle können manchmal Energien freisetzen, die zur Veränderung von inakzeptablen Handlungsweisen führen – zum Verbinden der Wunden der Erde –, selbst wenn wir anderen vielleicht erklären müssen, worüber wir uns so aufregen. In einer derartigen Verfassung war Jesus, als er die Geldwechsler aus dem Tempel vertrieben hat.

In den letzten Jahrzehnten hielten einige Umweltaktivisten die Bedrohung der Wälder, anderer Arten, der Ozeane oder des Landes und der Lebensgrundlage der Armen für so gravierend, dass sie zu Formen des Protests gegriffen haben, die über die gewaltfreien Aktionen von Aktivisten wie Julia Butterfly Hill oder den an der Chipko-Bewegung Beteiligten hinausgingen. Es mag verlockend erscheinen, Gewalt anzuwenden. Doch ich bin der Meinung, dass man sich als Aktivist oder Umweltschützerin immer die Frage stellen sollte, welche Art von Sieg man bei einer Kampagne für angemessen hält, und ob die gewählte Strategie eher zur Unterstützung der eigenen Bewegung beiträgt oder die Gegenseite stärkt.

Wenn wir einen Wandel herbeiführen wollen, dann sollten wir uns nicht nur Rechenschaft über unsere Motive ablegen. Wir sollten auch erkennen, dass wir im Dienst für andere und beim Versuch, die Wunden der Natur zu heilen, unseren Geist nicht von romantischen Vorstellungen über einen nachhaltigen Lebensstil vernebeln lassen dürfen. Auch wenn wir es uns noch so sehr wünschen: Wir können nicht in ein mythisches Goldenes Zeitalter zurückkehren, in dem die Menschen vollständig eins waren mit den jahreszeitlichen Lebensrhythmen und in denen wir Gott so nah waren wie in der Genesis. Vielleicht liegt es in der Natur des Menschen, dass unser Bild von unserer Kinderzeit und wohl auch von früheren Gesellschaften immer einfacher, wahrhaftiger und authentischer ist als das der Gesellschaft, in der wir älter geworden sind.

Es reicht auch nicht aus, wenn wir glauben, dass sich der Prozess einfach umkehren ließe und dann alle von sich aus bereit wären, mit weniger materiellem Besitz zu leben und weniger Abfall zu produzieren. Nicht nur unsere zunehmend vernetzte und globalisierte Wirtschaft scheint darauf ausgerichtet zu sein, dass wir mehr besitzen und das, was wir nicht mehr brauchen können, wegwerfen und vergessen – Gleiches gilt scheinbar auch für unsere eigene Vorstellungskraft. Trotz E. F. Schumachers faszinierendem Konzept „small is beautiful“ [auf deutsch etwa: Klein, aber fein] aus den 1970er-Jahren messen wir unseren persönlichen wie den gesamtwirtschaftlichen Erfolg noch immer an dem, was wir alles anhäufen.

Wenn ich davon Kenntnis bekomme, dass etwas nicht richtig ist, dann neige ich dazu, nach einer Lösung zu suchen. Das habe ich all die Jahre gemeinsam mit den Frauen getan, die mich dazu anregten, das Green Belt Movement ins Leben zu rufen. Darum ist mein letzter Rat auch ein sehr praktischer: Betrachten Sie das vor Ihnen liegende Problem, und versuchen Sie, es zu lösen. Schauen Sie nicht zu weit in die Zukunft und fragen Sie sich nicht, was Sie dann womöglich tun könnten. Denn dadurch laufen Sie Gefahr, sich zu überlasten. Ich bin der festen Überzeugung, dass es für die meisten Probleme, die wir haben, eine Lösung gibt. Selbst wenn Ihnen eines Tages ein Problem begegnet, das Sie nicht angehen können, so werden Sie doch bei den meisten anderen Problemen etwas zur Lösung beitragen können.

Natürlich wird es Zeiten geben, in denen Sie das Gefühl haben, dass Sie nicht genug getan haben und dass das, was Sie tun, bruchstückhaft bleibt. Mit zunehmendem Alter erkennen wir, wie begrenzt unsere Zeit und unsere Kraft sind. Wenn wir jung sind, hat es den Anschein, als ob wir alle Zeit der Welt hätten. Wenn sich meine Arbeit mit dem Green Belt Movement so entwickelt hätte, wie ich es mir erhofft hatte, dann wäre das Pflanzen von Bäumen überall in Afrika eine nationale Aufgabe, die Menschen wären verpflichtet, eine bestimmte Anzahl von Bäumen auf ihrem Land zu pflanzen, die Bodenerosion gehörte der Vergangenheit an und an jeder afrikanischen Schule würde Umweltbildung unterrichtet.

Das ist aber nicht geschehen. Und jetzt stehen wir nicht nur vor den enormen Schwierigkeiten, die es bereits vor dreißig Jahren gegeben hat, sondern vor weiteren (wie der Erderwärmung), die wir nicht vorausgesehen haben. Manchmal denke ich: Wenn ich doch fünfzig Jahre länger leben dürfte, dann könnte ich so viel mehr bewirken, weil ich nun weiß, was zu tun ist – und so viele weitere Probleme harren einer Lösung! Doch so ist das Leben nicht. Manchmal hat man nicht genug Zeit, und es muss noch zuviel getan werden. Ich bin an einem Punkt angelangt, an dem ich akzeptiere, dass man nicht alles tun kann, und dass das auch niemand von einem erwarten kann – auch nicht man selbst.

Wir leben alle in unterschiedlichen Umgebungen, in denen es jeweils eigene Herausforderungen und Möglichkeiten gibt, um einen sinnvollen Wandel herbeizuführen. Unsere Kulturen und unser religiöser Hintergrund mögen sich unterscheiden, und vielleicht sind Ihnen andere Werte wichtig als mir. Es geht mir nicht darum, Ihnen vorzuschreiben, wie Sie sich unter Ihren Lebensumständen verhalten sollen – ich möchte Sie dazu anregen, die Grundsätze Ihrer eigenen Religion und Kultur zu nutzen, um etwas zu bewegen und die Wunden der Erde zu heilen.

Wenn ich jungen Menschen einen Rat geben könnte, dann würde er so lauten: Wir dürfen keine Zeit verlieren – besonders weil du denkst, dass noch so viele Jahre vor dir liegen. Mach dir keine Sorgen, weil du dich etwas umschauen musst, bis du entdeckst, worin deine wirkliche

Berufung liegt. Ja, du kannst verschiedene Berufsfelder oder Interessengebiete ausprobieren, aber du solltest deine ganz persönlichen Talente, die du mitbekommen hast, nicht vergeuden und du solltest dir keine ungesunden Verhaltensweisen wie die Einnahme von Drogen oder das Trinken von zu viel Alkohol angewöhnen. Deine Gesundheit ist dein größtes Kapital.

Schließlich würde ich den jungen Menschen raten, sich von ihren Erfahrungen zu neuen Zielen führen zu lassen und immer mit vollem Einsatz bei der Sache zu sein. Dann kannst du dir, wenn du einmal alt bist und auf dein Leben zurückblickst, sagen, dass du zwar eventuell nicht alles erreicht hast, was du gerne geschafft hättest, aber immerhin getan hast, was du konntest. Du bist ein Kolibri gewesen.

Die Arbeit geht weiter. In den letzten Jahren hat sich das Green Belt Movement für die größere Verbreitung der spirituellen Werte eingesetzt, die bei seiner Arbeit leitend sind. So teilen wir beispielsweise unsere Erfahrungen mit Basis-Umweltorganisationen in den Regionen Afrikas südlich der Sahara, wir verbreiten sie über das Pan-African Green Belt Network [das Gesamtafrikanische Grüngürtel-Netzwerk] und geben sie auch außerhalb Afrikas weiter.

Auch das Verfassen dieses Buches gehört zur Verbreitung dieser Werte. Ein anderes, ebenso spannendes Vorhaben ist die Einrichtung des Wangari Maathai Institute for Peace and Environmental Studies [Wangari-Maathai-Instituts für Frieden und Umweltstudien] an der Universität Nairobi. Dessen Auftrag besteht darin,

> „den Menschen auf den Dörfern und in den ländlichen Gemeinschaften in Afrika und anderswo die in den Hörsälen und Labors entwickelten Kenntnisse und Fähigkeiten über die nachhaltige Verwendung natürlicher Ressourcen zu vermitteln. Gleichzeitig soll dabei ein Leitungsstil gefördert werden, der die Gemeinschaft wandelt (engl. *transformational leadership*) und deren Grund und Ziel darin besteht, die Lebensbedingungen der Menschen zu verbessern und Friedenskulturen weiterzugeben."

Im Institut sollen junge Menschen aus Afrika und anderen Regionen die Methodik des Green Belt Movement erlernen und seine Arbeit direkt erfahren können. Dabei, so hoffe ich, werden sie sich die Werte zu eigen machen, die im Mittelpunkt dieser Arbeit stehen. Ich stelle mir vor, dass sie alles, was sie gelernt haben, in ihre eigenen Basisorganisationen mitnehmen und es dort umsetzen. Das Institut wird darüber hinaus auch die interdisziplinäre Forschung und den Austausch über die nachhaltige Nutzung natürlicher Ressourcen fördern sowie die Anpassung von Gemeinschaften an den Klimawandel.

Diese Aufgabe ist für mich seit dem Jahr 2009 noch dringlicher geworden, als meine Enkelin Ruth Wangari zur Welt kam. Wenn ich meine kleine Enkelin ansehe, die in eine unsichere Welt hineingeboren wurde, frage ich mich, wie der Planet aussehen wird, wenn sie so alt ist wie ich jetzt. Wie alle kleinen Kinder ist sie völlig abhängig von den Entscheidungen, die wir treffen – oder nicht treffen –, um die Wunden der Schöpfung zu heilen. Es liegt in unserer Hand, ob sie und die Millionen anderer Kleinkinder auf dieser kleinen, blauen Kugel sich neben den Kindern und Enkeln anderer Gattungen gut werden entwickeln können. Mir bereitet es große Sorge, dass sie und ihre Generation vielleicht einmal tief enttäuscht und zornig auf uns als Einzelne und als Gemeinschaft zurückblicken: Weil wir nicht genug getan haben und vor schwierigen Entscheidungen zurückgeschreckt sind, weil es uns an persönlicher Entschlusskraft oder politischem Willen mangelte, oder weil uns der Profit wichtiger war als ideelle Werte.

„Was haben sie eigentlich gedacht, wo wir leben sollen?“ Ich fürchte, dass sie uns das fragen werden. „Was haben sie eigentlich gedacht, welches Wasser wir trinken können? Welche Luft wir atmen sollen? Welche Lebensmittel essen? Was haben sie sich eigentlich vorgestellt, wie wir ohne Wälder oder Sümpfe überleben sollen? Trotzdem haben sie Brandrodung betrieben und alle Warnsignale ignoriert. *Warum haben sie das getan?*“

Die Fragen, ob oder wie wir die Wunden der Erde heilen werden, sind – wie in diesem Buch ausgeführt – letztlich spirituelle Fragen: Was ist, wenn uns mit viel Glück all diese Dinge erhalten bleiben? Ist unser Leben dann glücklicher und erfüllter? Verbringen wir unsere Zeit mit ergiebigeren Beschäftigungen? Leben wir ein Leben, das auf den ersten Blick trotz alledem so ist, wie wir es uns gewünscht haben? Oder geben wir am Ende nur unserer Gier nach – und zerstören dabei genau die lebensnotwendigen Systeme, die für den Bestand all der Dinge verantwortlich sind, die wir so gerne kaufen?

Deshalb können wir uns mit Rückgriff auf Commander Collins fragen: *Warum tun wir das, was wir tun?* Im einfachsten Fall kann die Antwort darin bestehen, dass wir als Lebewesen die Aufgabe haben, für den Erhalt unserer Gattung zu sorgen. Man könnte allerdings auch vermuten, dass sich der Sinn des Lebens in der Familie finden lässt und in der ständigen Verfügbarkeit von Nahrung, Obdach und Gemeinschaft. Manche Menschen würden vielleicht sagen, dass unsere Aufgabe darin besteht, soviel Besitz und soviel Reichtum wie möglich anzuhäufen, doch ich denke, dass nur eine kleine Minderheit so denkt.

Auf einer anderen Ebene könnte man überlegen, ob man nicht seinen Zweck dadurch erfüllt, dass man auf irgendeine Art Spuren hinterlässt, etwa indem man einen positiven Beitrag zum kulturellen, politischen, wirtschaftlichen oder sozialen Gefüge seiner Gemeinschaft oder seines Landes leistet; oder dadurch, dass man die Welt ein wenig friedlicher, gesünder oder an Arten reicher hinterlässt, als sie zuvor gewesen ist. Wenn die meisten von uns der Ansicht wären, dass der Wert unseres Lebens jenseits des Materialismus zu finden ist und dass der wahre Reichtum nicht nur im Reichtum an Geld besteht, dann sollte uns das zu einer Korrektur der Behauptung führen, dass Bewahrung notwendig mit Verlust einhergeht. Das sollte uns dazu ermutigen, das zu bewahren und zu heilen, was wir haben.

Ich halte es für nötig, dass wir die Erfahrungen, die wir mit den anderen Geschöpfen der Erde teilen, wiederentdecken, und dass wir erkennen, dass wir mit ihnen einen gemeinsamen entwicklungsgeschichtlichen Weg gegangen sind. Mit ihren Flügeln, ihren Schuppen oder ihrem Fell ähneln sie uns zwar kaum. Vielleicht mögen wir einige von ihnen; andere dagegen, wie zum Beispiel die Mücken, können wir gar nicht leiden. Doch sie sind Teil des Lebensprozesses, der auf diesem Planeten begonnen hat und weitergeht. Hierzu passt der Vergleich mit Noah in der Genesis, der von jeder Gattung ein Paar nahm und sie zu zweit in der Arche unterbrachte. Auch Mücken und Reptilien gehörten dazu. Es war Noah nicht aufgetragen worden, nur die Tiere auszuwählen, die ihm nützlich erschienen; er beherbergte sie alle. Gott erkannte, dass sie ein Teil von uns sind; auch sie sollten die Chance bekommen, zu überleben. Indem er ihnen diese Chance gab, gab Gott auch uns eine Chance. Nun müssen wir uns noch einmal selbst diese Chance geben und die Wunden der Schöpfung heilen.

Danksagungen

ICH MÖCHTE MICH bei Mia MacDonald von Brighter Green und Martin Rowe von Lantern Books für ihr Geschick, ihre zuvorkommende Art und ihre Sorgfalt bedanken, die sie in der Zusammenarbeit mit mir an *Die Wunden der Schöpfung heilen* gezeigt haben. Ebenso möchte ich meinem Lektor Trace Murphy für seine Begeisterung und sein Engagement für die hier erläuterten Ideen danken.

Ich hatte das große Glück, dass ich im Laufe der Jahre von vielen religiösen und überzeugten Menschen lernen durfte, die meinen Horizont sehr erweitert haben. Sie haben sehr anregende Gedanken über das Mysterium unseres Lebens auf diesem Planeten geäußert, und sie haben sich an konkreten Aktivitäten beteiligt, um die Erde zu einem grüneren, lebensfreundlicheren Ort zu machen. Dazu zählen die Consolata-Schwestern, die Loreto-Schwestern und die Benediktinerinnen und Benediktinerpater, bei denen ich als Kind und junge Frau zur Schule ging, und hierzu gehören auch inspirierende Lehrer, die nichtchristlichen Religionen angehörten. Ich hatte auch das Privileg, dass ich mit Männern und Frauen von großer spiritueller Tiefe und Großherzigkeit zusammenarbeiten durfte. Es sind zu viele, um sie hier alle namentlich zu nennen; besonders erwähnen möchte ich jedoch: Steven Rockefeller und die vielen außergewöhnlichen Menschen, die die Erd-Charta entwickelt und verbreitet haben; Schwester Joan Kirby, Alison von Dyk, Mary Davidson und meine vielen Freunde und Freundinnen am Temple of Understanding; den bereits verstorbenen Thomas Berry; Professorin Mary Evelyn Tucker und Professor John Grim, deren zahlreiche Bücher und Konferenzen unter der Schirmherrschaft des Harvard Center for the Study of World Religions [Zentrum zur Erforschung der Weltreligionen in Harvard] sowie des Forum on Religion and Ecology [Forum zu Religion und Ökologie in Yale] vielen von uns, die auf der Grenze beider Disziplinen arbeiten, die Augen geöffnet haben; den früheren US-Vizepräsident Al Gore, der sich sehr für das Green Belt Movement eingesetzt hat; James „Gus" Speth, den früheren Dekan der Yale School of Forestry and Environmental Studies [Fakultät für Forstwirtschaft und Umweltstudien der Universität Yale], sowie meine Freundin, die Dichterin und Schriftstellerin Terry Tempest Williams.

Vieles von dem, was wir über die Geschichte des Kikuyu-Volkes vor der Ankunft der britischen Kolonialtruppen und der Missionare in der zweiten Hälfte des 19. Jahrhunderts wissen, verdanken wir dem Werk von Louis Leakey, dem berühmten Paläoanthropologen. Sein gewaltiges, dreibändiges Werk *The Southern Kikuyu before 1903* war bei seinem Tod noch nicht abgeschlossen. Es wurde von seiner Frau Mary und mehreren anderen (unter anderem einem Botaniker) zusammengestellt und geordnet und

1977 vom Verlag Academic Press of New York and London veröffentlicht. Sein Buch leistete mir unschätzbare Hilfe beim Schreiben des vorliegenden Buches.

Große Anerkennung gebührt meinen vielen Freunden in Japan, besonders bei der Mainichi Newspapers Corporation, die das Green Belt Movement in Japan bekannt gemacht hat und ein sehr zuverlässiger Partner bei der von Kazuyoshi Sanada geleiteten *Mottainai*-Kampagne war. Ein treues Netzwerk von Freunden ist entstanden, insbesondere durch die Itochu Corporation, deren Mitarbeiter die Arbeit des Green Belt Movement unterstützen.

Ich wurde auch durch viele weitere Menschen inspiriert. Dazu zählen Mitglieder der Green Belt Movement-Familie, mit denen ich sehr eng zusammengearbeitet habe. Es sind zu viele, als dass ich sie hier alle namentlich nennen könnte; ihr Geist ist unverzichtbar für die Arbeit der Bewegung, in Kenia wie auf der ganzen Welt. Es gibt noch viele andere Menschen, die uns im Laufe der Jahre Finanzmittel anvertraut haben, damit wir die stetig weiter wachsende Arbeit der Bewegung fortführen konnten. Ich bin ihnen allen zutiefst dankbar.

Nichts von dem, worüber ich in *Die Wunden der Schöpfung heilen* geschrieben habe, wäre – in jeder Hinsicht – ohne meine Familie möglich gewesen. Meine Mutter war eine Frau, die sich mit der ihr selbstverständlichen Ehrfurcht, verbunden mit gesundem Menschenverstand, um die Natur sorgte und sie pflegte, und sie hat mir gezeigt, wie man mit dem Land arbeitet. Meine Kinder und mein Enkelkind sind mir eine beständige Quelle der Inspiration, und sie unterstützen mich in allen Belangen. Ich stehe tief in ihrer Schuld.

Über Wangari Maathai

Wangari Muta Maathai wurde 1940 im kenianischen Nyeri geboren. Sie hat drei erwachsene Kinder und ein Enkelkind, und sie lebte und arbeitete bis zu ihrem Tod am 25. September 2011 in Nairobi. Im Jahr 2004 erhielt sie den Friedensnobelpreis.

Zu meinem Lebenswerk gehört mittlerweile viel mehr als das Pflanzen von Bäumen – meine Kolleginnen und Kollegen und ich beim Green Belt Movement haben auch Ideen gepflanzt. Wie die Bäume sind auch diese Ideen gewachsen. Indem es Wissen vermittelt, Zugang zu Wasser gewährt und sich fair verhält, ermächtigt das Green Belt Movement die Menschen – überwiegend Arme und vor allem Frauen – dazu, selbst tätig zu werden und ganz direkt das Leben der einzelnen Menschen und der Familien zu verbessern.

Unsere Erfahrung aus über dreißig Jahren zeigt, dass einfache Handlungen zu großen Veränderungen führen können und zur Achtung vor der Umwelt, zur guten Regierungsführung und zu Friedenskulturen. Solche Veränderungen sind nicht auf Kenia oder Afrika beschränkt. Die Herausforderungen, vor denen Afrika steht – insbesondere die Zerstörung der Umwelt –, betreffen auch die ganze Welt. Nur wenn wir zusammenarbeiten, dürfen wir hoffen, einige der Probleme dieses kostbaren Planeten zu lösen. Ich wünsche mir sehr, dass Sie gerne mehr über die Arbeit des Green Belt Movement erfahren wollen und unsere Website www.greenbeltmovement.org besuchen. Bitte haben Sie teil an unserer Botschaft der Hoffnung!

Wangari Maathai

Anmerkungen

1 ***S. Soloman u. a. (Hg.)***, Summary for Policymakers, in: Contribution of Working Group I to the Fourth Assessment Report of the Intergovernmental Panel on Climate Change 2007, Cambridge/New York 2007, 1–18.

2 ***James J. McCarthy u. a. (Hg.)***, Africa, Kap. 10 in: Contributions of Working Group II to the Intergovernmental Panel on Climate Change 2001, Cambridge/New York 2001, 488–531.

3 Anm. der Übs.: Als Buschfleisch (engl. *bushmeat*) bezeichnet man das Fleisch von Tieren, die in afrikanischen Savannen und Wäldern leben. Dazu gehören neben kleinen Antilopenarten, einigen Affenarten und weiteren Säugetieren auch Reptilien- und Vogelarten. Die Tiere wurden ursprünglich als billige (und für viele einzige) Fleischquelle bejagt. Problematisch ist, dass das Buschfleisch seit Jahren zunehmend kommerzialisiert wird, die Bejagung hat stark zugenommen. Dadurch sind einige Tierbestände vom Aussterben bedroht. Wild(-fleisch) (engl. *wild meat*) ist im Unterschied dazu das „reguläre" Wild, das im Englischen oftmals auch als „game" bezeichnet wird. Die Autorin trennt die Begriffe allerdings nicht immer scharf voneinander.

4 Zitiert nach: ***Frank Bures***, „Space Photography: The Eyes of an Astronaut, in: Audubon (Januar/Februar 2006), Bd. 108, Nr. 1, http://www.audubonmagazine.org/fieldnotes/fieldnotes0601.html#astronaut, und herausregeben in: The Independent, 11. August 2005, http://www.independent.co.uk/opinion/commentators/eileen-collins-from-space-the-earths-atmosphere-looks-like-an-eggshell-502306.html.

5 Die Zitate stammen aus: http://spacequotations.com/earth.html, aus Kevin W. Kelley (Hg.), The Home Planet, New York 1988 *[deutsche Ausgabe: Der Heimatplanet, 36. Auflage Frankfurt/M. 2001]*,

sowie aus dem Artikel „Astronauts" in der Encyclopedia of Religion and Nature (s. Kap. 4, Anm. 1).

6 ***James Ratemo***, Disaster Looms in Turkana as Drought Persists, in: The Standard, 31. März 2005; Droughts of the Recent Past, in: Turkana-History, www.bluegecko.org/kenya/tribes/turkana/history/htm#drought.

7 ***Kerry Kriger***, The Disappearance of Frogs: Why We Should Be Very Worried, 6. August 2009, http://ecohearth.com.

8 Die Informationen über die gesellschaftliche und religiöse Nutzung von Bäumen stammen aus zahlreichen Artikeln in: ***Bron Taylor (Hg.)***, Encyclopedia of Religion and Nature, New York 2005. Weitere Informationen gehen zurück auf: ***Lindsay Jones (Hg.)***, The Encyclopedia of Religion, 2. Auflage, Farmington Hills 2005, 9333–9340. Quellen sind darüber hinaus: ***Roger S. Gottlieb (Hg.)***, The Oxford Handbook of Religion and Ecology, New York 2006, sowie ***ders., (Hg.)***, This Sacred Earth: Religion, Nature, Environment, New York 1996.

9 In the Shade of the Banyan Tree, in: The Economist, 8. April 2009.

10 ***Robert Constanza u. a.***, The Value of the World's Ecosystem Services and Natural Capital, entnommen von der Webseite des University of Vermont's Gund Institute for Ecological Economics, www.uvm.edu/giee/publications/Nature_Paper.pdf.

11 ***UN Environment Programme, TEEB*** – The Economics of Ecosystems and Biodiversity [TEEB] for National and International Policy Makers – Summary: Responding to the Value of Nature, 2009, sowie Pressemitteilung: TEEB report released on the Economics of Ecosystems and Biodiversity for National and International Policy Makers, 13. November 2009 *[in deutscher Sprache z. B. über: http://www.ufz.de/index.php?de=19074]*.

12 ***Christine Downing***, The Goddess: Mythological Images of the Feminine, New York 1981, 13–16; ***Steve Davis***, The Canaanite-Hebrew Goddess, in: Carl Olson (Hg.), The Book of the Goddess Past and Present, New York 1992, 68–79; ***Susan Ackerman***, Asherah/Asherim, in: The Jewish Women's Archive, http://jwa.org/encyclopedia/article/asherahasherim-bible; ***David Leeming***, Jealous Gods & Chosen People: The Mythology of the Middle East, New York 2004, 94 *[Als deutschsprachige Literatur wäre z. B. zu nennen:*

Renate Jost, Frauen, Männer und die Himmelskönigin. Exegetische Studien, Gütersloh 1995, u. a. 39–68.].

13 Die Informationen über die Chipko-Bewegung stammen aus Wikipedia; http://en.wikipedia.org/wiki/Chipko_movement *[die deutsche Seite findet sich unter: http://de.wikipedia.org/wiki/Chipko-Bewegung].*

14 ***Himachal Pradesh***, IANS, New Chipko Movement: Himachal Women Tie Rakhis to Protect Trees, Deccan Herald, 3. August 2009.

15 Die gesamte Rede kann [in englischer Sprache] unter http://www.rightlivelihood.org/chipko_speech.html gelesen werden.

16 ***Julia Butterfly Hill***, Die Botschaft der Baumfrau, 2. Auflage München 2002, 136 [Hervorhebung von Wangari Maathai].

17 ***Olivia Zaleski***, China's Plastic Bag Ban Will Save 37 Million Barrels of Oil, in: The Daily Green, www.dailygreen.com, 1. September 2008.

18 ***Yvonne Chan***, China Saves 40 Million Plastic Bags, www.businessgreen.com, 26. Mai 2009.

19 Informationen über die Bewaldung Japans finden sich unter http://rainforests.mongabay.com/deforestation/2000/Japan.htm; zum japanischen Holzverbrauch siehe: Wood Resource Quarterly Press Release, 29. Juni 2009, www.free-press-release.com/news/200906/1246300953.html; zum Verbrauch an Essstäbchen in Japan siehe Jiro Taylor, The Waribashi Conundrum: Disposable Chopsticks, in: Japan Visitor, www.japanvisitor.com/index.php?cID= 361 &pID=375.

20 Mein Dank geht an Freunde, die mich an diese jüdischen Gebote erinnert haben.

21 Siehe www.recyclingconsortium.org.uk/schools/christmas_waste.htm.

22 Das zweite Zitat stammt aus: ***Thomas Berry***, The Great Work: Our Way into the Future, New York 1999, 115 *[deutsche Ausgabe: Das Wilde und das Heilige. The Great Work – Unser Weg in die Zukunft, Uhlstädt-Kirchhasel 2011*].

23 ***Leonardo Boff***, Ecology and Liberation, Maryknoll 1996, 25 *[deutsche Ausgabe: Von der Würde der Erde. Ökologie, Politik, Mystik, Düsseldorf 1994]*, in: Roger S. Gottlieb (Hg.), The Oxford Handbook of Religion and Ecology, New York 2006, 80. Mehr über das

Verhältnis der Befreiungstheologie zur Ökologie findet sich in: Handbook, 516–520.

24 Dies entstammt dem Abschnitt zur Biografie auf einer Thomas Berry gewidmeten Website, die von Mary Evelyn Tucker verfasst wurde; www.thomasberry.org/Biography/tucker-bio.html.